David Graeber

海盗与启蒙

真实的利博塔利亚

[美]大卫·格雷伯 著　姜昊骞 译

Pirate
Enlightenment,
or the Real Libertalia

九州出版社
JIUZHOUPRESS

目 录

推荐序

从“世界”到马达加斯加

　　毫不夸张地说，大卫·格雷伯可能是过去十年间中国读者最为熟悉的西方人类学家。但是对于多数人而言，他们所熟悉的格雷伯是那个为“占领华尔街”运动提出“我们是99%”的抗争领袖，或是撰文批判“狗屁工作（Bullshit Jobs）”[①]、笔锋辛辣的专栏评论家。时至今日，由于各种各样的原因，格雷伯的大量人类学著作都还没有译介至中文世界，中国读者也不清楚这位学者在其自身专业领域的成就和贡献。

　　1996年，格雷伯在芝加哥大学获得人类学博士学位，师从20世纪下半叶最重要的人类学理论家之一马歇尔·萨林斯（Marshall Sahlins）。他的博士研究，聚焦于马达加斯加中部一个农业社区的社会动荡、暴力及殖民历史的深远影响。终其一生，格雷伯的思考和写作都与这座地处印度洋西部的“世界第四大岛”密不可分。

---

① 中文版见《毫无意义的工作》，大卫·格雷伯著，吕宇珺译，中信出版社，2022年。

　　无论从哪一方面说，马达加斯加都是一个不折不扣的"小国"，除了偶尔因为旅游目的地推介而出现在航空公司机舱杂志内页，大多数时候它都没有跻身国际新闻的资格。但是对于人类学的研究者和学习者而言，马达加斯加的意义却绝对不容小觑。原因无他：过往半个多世纪，几代人类学家连续不断地在此展开田野调查，名家名作辈出，很多研究成果已经成为整个人类学领域内必读文本。

　　马达加斯加之所以吸引人类学家的注意，原因之一可能与这个群岛国家在西方殖民体系发展史中所扮演的角色有关。公元 10 世纪，阿拉伯人在岛屿西北沿岸建立了贸易据点，留下有关该地区最早的文字记录。1500 年，欧洲人的船队抵达马达加斯加，并在此建立定居点。到 17 世纪晚期，法国人在东海岸建立贸易据点，在接下来半个世纪里，马达加斯加是横跨大洋的奴隶贸易路线上重要的据点。各种势力在此汇聚，使其成为全球史的一个缩影。格雷伯在《海盗与启蒙》当中描写的很多传说和故事，大都发生在这一时期。

　　进一步说，人类学家对马达加斯加的兴趣，一方面是 20 世纪西方人类学"非洲研究"传统的延续，另一方面也是重视该地历史脉络复杂多元的文化图景。时至今日，我们仍然能够在马达加斯加人的生活当中感受到各种文化要素的回响和共振。例如，格雷伯在自己的博士论文中讨论的一个重要议题就是殖民暴力的历史遗存，以及这种遗存如何造成了当代马达加斯加社会的裂痕和分歧。[1] 20世纪70年代以后，西方人类学大量借鉴后殖民思想（Postcolonialism），将各个曾经被经典人类学视为"初民社会"（Primitive Society）的族群还原到殖民扩张的近代史脉络当中，正视其与外部殖民力量的遭遇和冲突。有关马达加斯加的人类学研究正是在这样的背景下迸发出了巨大的能量和活力。

据目前有据可查的材料显示，格雷伯的第一篇人类学作品发表于1995年。[2] 和大多数人类学青年学者的发展轨迹一样，在职业生涯的初期，格雷伯的成果主要是围绕自己在博士期间收集的田野材料进行专题分析。但稍有不同的是，从一开始，他似乎就不满足于将马达加斯加的故事视为人类学理论的注脚。相反，他很早就有意识地探索如何将微观社区中的经验与更广阔的议题联结起来。

例如，一般说来，在美国学术界，刚刚开启学术生涯的年轻人类学者都会把最初的几年花在对自己博士论文的打磨、修改和出版上。一个人类学家的第一本书常常是自己博士论文的修订版。但是格雷伯在出版自己的论文之前，已经写完了三部专著，除了那本无政府主义人类学小册子之外，其余两部分别是《迈向人类学的价值理论：我们的梦中假象》（*Toward an*

---

[1] 参见格雷伯所著《失落之人：马达加斯加的魔法与奴隶制遗存》（*Lost People: Magic and the Legacy of Slavery in Madagascar*），印第安纳大学出版社，2007年。

[2] "Dancing with Corpses Reconsidered: an Interpretation of Famadihana in Arivonimamo, (Madagascar)." *American Ethnologist*, Volume 22(2): pp. 258-278.

Anthropological Theory of Value: The False Coin of Our Own Dreams，Palgrave出版社，2001年）、《论可能性：等级制、反叛和欲望》（*Possibilities: Essays on Hierarchy, Rebellion, and Desire*，AK出版社，2007年）。前者直接对话马克思和莫斯（Marcel Mauss），力图重新思考人类"创造价值"的能力以及这种能力与形塑社会之间的关系，后者是一系列学术作品的合集，其中广泛讨论了各种概念议题。这些作品虽然都不是民族志写作，但是马达加斯加的影子始终浮现其中。

由此可见，对于格雷伯而言，马达加斯加不是一个作者可以随时返回、翻检论证材料的"仓库"。马达加斯加的地方经验始终都有超越时空限制、回应一般性议题的潜能。或者也可以说，格雷伯和马达加斯加之间的关系，不是通常意义上人类学家和自己"田野调查地"的关系。在格雷伯的论证体系中，马达加斯加更具"世界性"，而他所处的欧美社会，虽号称当代世界中心，但却充满偏见和幻象。格雷伯的意图从来不止于在西方学术界的宴席上为马达加斯加谋一个位置，相反，他激进地把外部世界带进马达加斯加的框架，以一种有悖于常规论证的策略重新思考地方与世界之间的关系。

据格雷伯本人在前言当中的交代，《海盗与启蒙》的写作缘起于他自己收藏的一份由法国人撰写的手稿的影印件。影印件藏于大英博物馆，内容关于加勒比海盗在马达加斯加的活动状况。格雷伯取得这份材料之前，就已经在田野调查当中得知海盗曾经在这座岛屿上长期扎根，但却并未能就这一问题深入讨论。田野调查结束之后的十多年间，格雷伯仍然继续留心收集与马达加斯加海盗活动有关的材料。这本书原本是他和导师萨林斯合著的《论国王》(*On Kings*)[①]中的一部分，但因为篇幅过长，索性单独抽出来作为一本小册子出版。

总的说来，《海盗与启蒙》是一份有些怪异的文本。用格雷伯自己的话说，这是一份深受人类学观点影响的历史学著作，但我想哪怕是一个历史学的高年级本科生，也能在其中挑出不少史料或解读方面的"漏洞"。在这本书里，格雷伯百无禁忌似的在史实和推论之间来回切换，其目的与其说是坐实某种结论，不如说是打开某种想象空间。这让我想起"占领华尔街"运动期间另一个流行的口号：另一种世界是可能的（Another World is Possible）。

在格雷伯邀请我们想象的那个世界里，主角是出没于大洋风浪间、过着刀头舔血日子的亡命之徒（海盗），他们通过和陆地定居点附近的原住民女性结婚，缔造了一个近乎乌托邦式的平等而开放的社会。这个社会没有绝对权威，社会事务的落实大都仰仗各类小型民间团体的灵活决策。即便有一位"国王"，他也无权插手人们的日常生活。虽然看似缺乏一个强有力的权力中心，但整个社会因为末梢神经的灵活而充满生机。这种生命力使得马达加斯加东海岸一度成为洲际海上贸易理想的中转枢纽。大批货物（尤其是海盗通过劫掠获得的巨额财富）在此

[①]　该书由芝加哥大学出版社于2017年出版。

流通，很多在旧大陆社会秩序中没有落脚之地的边缘人在此聚集。与人们在小说里设想的推崇丛林法则式的荒蛮大陆不同，在这里，拳头和刀剑很快就会让位于演说。比起由绝对强力奠定的短暂优势，人们更相信通过不断协商形成的契约秩序。在这片沿着险峻高原地形展开的狭窄平原上，人群被复杂的地理条件精密切割，从来没有谁能够一统天下，但区域内累积的财富和军事力量一度令人惊叹。

事情还不止于此，格雷伯进一步演绎历史。他认为，这个由海盗缔造的松散政体，为了进一步争取欧洲国家的支持，曾经向欧洲派遣大量说客和代表。这些人足迹遍布欧洲各大都市，结交权贵，在街头巷尾通过高谈阔论传播自己的思想。于是，一个大胆而又合理的想象是：如果我们的历史都承认轰轰烈烈的启蒙运动源自学者对当时社会思潮、社会观念的总结提炼，那么有理由想象他们中的一些人，或许就是听了海盗集团派遣的代表在咖啡馆里的高谈阔论之后，才受到了刺激和启发。

如果这样说尚且无法传递此种观点的"耸动"，请诸位读者朋友此刻自行在脑海中将您熟悉的卢梭、狄德罗、孟德斯鸠的肖像，替换为约翰尼·德普（美国系列电影《加勒比海盗》中的男主演）！

《海盗与启蒙》像是一篇精彩的侦探小说，作者凭借历史上流传至今的蛛丝马迹，结合人类学意味浓重的推理分析，最终得出了使人意想不到的结论。过分透露文本中推理和想象的细节，无疑会大煞风景。所以有关这个另类世界的具体展开，我留给各位读者自行探索。在此，我还想补充几点，以便帮助大家更好地走进格雷伯将要带大家观赏的这出发生在三百年前的历史大戏。

格雷伯出生于一个"革命气氛"浓厚的家庭，父亲肯尼斯·格雷伯曾经远赴西班牙参加国际纵队，母亲鲁丝·鲁宾斯坦曾经是国际妇女服装工人联盟（International Ladies' Garment Workers' Union）的活跃分子。格雷伯成长于纽约曼哈顿岛西侧的切尔西，这里是"各种激进政治的温床"。格雷伯曾在接受采访时声称，自己7岁开始就参加抗议活动，16岁读高中的时候已经成为一位坚定的无政府主义者。

"无政府主义者"是大卫·格雷伯最喜欢的一个身份，但是在中文语境中，这个词多数时候都被用作贬义。无政府主义虽然同样反对资本主义、帝国主义，是马克思主义的盟友，却始终难以摆脱"无组织、无纪律"的恶名，难堪大任。其实，无政府主义并不是仇视所有权力机关，更不会期待混乱，无政府主义者尤其关注秩序问题，只不过他们不相信集中制管理，更推崇根植于日常生活实践的自发秩序、自发组织。

由此可以想见，无政府主义和人类学之间的衔接点就是对日常经验的推崇，对自下而上自发秩序形成的赞许。这也是为什么如果我们把《海盗与启蒙》视为一曲对马达加斯加无政府主义实践的赞歌，其基调依然带有浓重的民族志意味。

实际上，早在十多年前出版的无政府主义人类学小册子中，格雷伯就详细阐述过他对"秩序"问题的基本看法，而他所依赖的主要论据，就是来自马达加斯加的材料。

在格雷伯看来，无政府主义人类学对权力－秩序问题的基本结论是"相互制衡"。进一步说，从世界各地（尤其是各类"前现代"色彩较浓重的群体）的田野材料来看，对单极强力秩序的拒斥和逃避是一种普遍现象。格雷伯就此有四点概括：

1. 权力制衡源于一种社会想象，其目的在于维持社会共识，而若要达成这一目的，就必须要不断地"进入他人的视野"来思考结构何以平衡；

2. 权力制衡是内在于社会的一种权力主导形式，在人类社会相当长的一段时期内，文化制度的潜在任务之一就是反对任何系统性的政治经济地位差别出现；

3. 在高度不平等的社会当中，如若发生革命性的变化，必将源起于将某些特别令人厌恶的支配方式清除出生活；

4. 作为一种想象资源，权力制衡的思想有助于发展新制度、矫正旧制度，在革命时刻人民据此来创造新的政治经济形式。[①]

所以，如果是对人类学知识有所积累的读者，应该能够在格雷伯看似天马行空的"海盗启蒙主义"推理中读出非常熟悉的意味。比如格雷伯认为海盗群体因为从事特殊营生，尤其看重"选贤任能"。在执行劫掠任务的时候，一定会推举最为优秀的行动领袖。任务结束时论功行赏，避免造成内部矛盾。但是一旦任务周期结束，群体回归常态生活，就立即终止该领袖的

---

① 这部分讨论见大卫·格雷伯著《无政府主义人类学碎片》，许煜译，广西师范大学出版社，2014年，pp. 40-42。

权力，复归群体内部平等的商议决策。这种弹性的权力分配机制，广泛存在于从狩猎–采集社会到工业化车间生产在内的多种社会形态。我们可以把这种无政府状态理解为彻底的"就事论事"，权力的分配和执行，完全取决于群体所面临的任务和状况。

之所以大费笔墨向读者介绍格雷伯思想中的这一底色，主要原因是担忧读者在阅读过程中，因为缺乏对其分析框架的理解，而误认为他不负责任、信口开河。负责任地说，格雷伯在史料空白处"发挥想象力"的时候，所依托的恰恰是人类学相关领域研究中累积的一般性启示，是一种"人类学的想象力"。

《海盗与启蒙》不是格雷伯第一本语出惊人的著作。从《债：第一个 5000 年》(*Debt: The First 5000 Years*) 到同样出版于他去世后的《人类新史》(*The Dawn of Everything: A New History of Humanity*)，[①]格雷伯晚期的一系列著作都曾激起过对其"研究方法"的激烈讨论。有批评者认为，他为了预先就已经设定的结论，随意裁剪、筛选材料，以便让论证按自己所期待的方向发展。在我看来，这样的现象对于现代学术体系中"跨界"参与议题的学者而言并不罕见，表面看是专业壁垒造成的针锋相对，深层原因是论者不理解格雷伯的无政府主义人类学基本观点，不理解当代人类学视野中对类似权力制衡问题的经验累积。

---

① 《债：第一个 5000 年》，孙碳、董子云译，中信出版社，2012 年；《人类新史》，张帆、张雨欣译，九州出版社，2024 年。

《海盗与启蒙》的英文版出版以后，美国著名语言学家、左翼学者诺姆·乔姆斯基（Noam Chomsky）在和艺术家妮卡·杜布罗夫斯基（Nika Dubrovsky）的一次对谈中提醒我们注意：我们阅读英国革命的历史的时候，看到的总是国王和议会之间的博弈，但是别忘了那个时候民众为了抗争而奔走呼号。人们到处演讲，印刷、出版各种各样的小册子，希望"被了解人民痛苦的人统治"。从人类学的视角看来，乔姆斯基提醒我们在理解历史变迁的过程中，不能忘记"社会"，忘记普通人的行动和见解。

在《海盗与启蒙》的前言部分，格雷伯将这本书定位为自己多年来一系列专题研究的补充和延伸。我将他这部分努力称之为"启蒙的祛魅"。

自法兰克福学派以降，人文社会科学对于启蒙运动及其遗产的反思和批评从未停止，且角度纷呈、洞见迭出。例如启蒙之暗面、启蒙之暴力、启蒙之口是心非、启蒙之白人男性中心主义等等。从某种程度上说，格雷伯的努力，是这一学术传统的延续，但是他独辟蹊径，或可称之为"启蒙之剽窃"。

格雷伯以人类学的独特方式反思"现代性"的努力贯穿其学术生涯的始终。早在其有关价值理论的著作中，格雷伯就有意识地与马克思这样的现代社会理论思想家对话。他对话的策略不是在对方所划定的范围内进行逻辑拉锯，相反，他总是立足于人类学的民族志经验（尤其是"非西方–非现代"社会的经验），重新提出问题。例如他认为马克思将价值问题的讨论局限在资本主义劳动过程中，忽视了文明史上"创造价值"乃是人类社会得以凝聚、巩固、再造的重要手段。运用类似的讨论策略，格雷伯重新澄清过当代社会理论中的一些重要的基本概念，比如生产模式、拜物教等。

从这样的视角观察，我们可以发现《海盗与启蒙》是其早年理论反思路径的拓展和延伸。只不过这一次，"他者"不再是对立经验的提供者，而是概念知识产权的所有者。

格雷伯祛魅启蒙的工作，留下两份比较重要的文本，一份是《海盗与启蒙》，另一份是《"西方"从未存在过》（"There Never Was a West or, Democracy Emerges from the Spaces in Between"）。① 在这两项研究中，格雷伯以不同的方式论证了启蒙运动的思想与实践如何源于某种跨文化交流，甚至是非西方世界思想成果对所谓"西方"世界的灌输。格雷伯颠倒了萨义德东方学的基本框架，将"东方"之于"西方"的必要性从不对等权力结构之下的异域想象中解放出来。格雷伯认为，相较于工业社会雏形初现的欧洲，广袤的"东方"大地上无疑有更为复杂而多元的思想资源，其中不乏一些激进的社会理念。非西方社会的思想资源，切实滋养过欧洲知识分子，所谓"波斯人的信札"不是可有可无的弦外之音，而是真正对现代西方社会政治思想的成形起到过推动作用的一股力量。

---

① 后面这篇长文收入由妮卡·杜布罗夫斯基为格雷伯编辑的文集《这世界被隐藏的终极真相》（*The Ultimate Hidden Truth of the World*），中文版见《民主的非西方起源——而且"西方"从未存在过》，吉琛佳译，"副本制作"发行。

2020年9月，正在与亲友一同度假的格雷伯意外死于坏死性胰腺炎，他针对启蒙运动的反思性工作也因此戛然而止。不过，至少从他留下的这两份文本当中，我们可以习得一种基本的方法论框架。这一框架是其一生人类学思考的凝结和升华，依然折射出民族志的独特光辉。

坚持以家乡方言（海丰话）创作歌曲的著名摇滚乐队"五条人"，曾经略带戏谑地将自己的创作理念概括为"立足世界，放眼海陆丰"。这个说法颠覆了我们习以为常的"地方–世界"排序，也开辟出新的阐释空间。

20世纪80年代以来，很长一段时间里，中国人对"地方"和"世界"的关系有着明确的界定。"世界"是"地方"的目的，是评价"地方"的标准，甚至是"地方"表达自身合法性的唯一参照。彼时国门重开，"世界"的面貌混沌而疏离，但却渗透到各种讨论、分析和对话的字里行间，裹挟着罕见的热忱，成为重新想象自我的纲领。与之相比，"地方"虽然具体、明确甚至亲切，但却没有介入宏大叙事的资格。

"世界"和"地方"之间的不对等想象，可以上溯至近代史屈辱记忆的源头，"世界"随着一声炮响轰然降落，不再是天下模式中无足轻重、聊作谈资的异域。"世界"兼具时空双重意义，既代表着进化序列上的明天，也意味着充斥着陌生经验的强悍异邦。

也正因为有了这一层框架，我们常常以为是中性词的"世界",实则隐含着强烈的价值属性,而这种价值属性的确立,又和我们建基于自身发展迫切要求之上的特定认知框架密切相关。一方面,我们出海远游的目的地非常有限,集中于值得学习的"列强";另一方面,在"列强"那里确认的"世界"想象之所以能够成立,前提是对启蒙主义-工业革命所奠基的一套基本概念的接受。这二者常常紧密纠缠、难分彼此,究竟是经验坐实了概念,还是概念的透镜限定了我们所能捕捉到的经验?在大多数情境中很难说清。

从这个角度来说,人类学的理念、视角和知识取向,与中国人百余年来建设现代学术的规划之间一直存在着若隐若现的张力。人类学所提供的世界图景一度令知识精英们感到兴奋,但当人类学展开的"世界"画卷中充斥着部落经验、岛屿风俗、小国故事之类的素材的时候,人们又难免怀疑此一"世界"究竟有何意义。当"世界"无法充当我们在救亡竞赛中一个明确的落脚点和补给站的时候,"世界"在空间尺度上的丰富性也就相应失去了价值。

上述考虑,也是我尤为希望向中国读者们推介格雷伯这本《海盗与启蒙》(以及前文所述他"晚年"展开的一系列旨在反思西方社会基本概念的研究)的原因之一。不妨说得俗一点:格雷伯以民族志特有的策略和方法,证明了人类学为何"有用",怎样"有用"。这种证明并不诉诸价值观上的选边,而是邀请"世界"加入背书。《海盗与启蒙》以一种具体的方式,用"地方"撬动"世界",这种撬动与其说是破坏,不如说是澄清。

这种澄清既包含对被遮蔽的历史经验的重现，也通向另一个更为根本的问题：究竟什么才是人类社会的"常态"？什么才是人类存在于这个世界上的"普遍经验"？

学生时代的格雷伯，为了完成自己的人类学训练，跨越重洋，远赴他者的社会展开研究。这本是世界上人类学研究者学术生涯的常规轨迹。但是在必要的田野训练完成之后，终其一生，格雷伯都不只是把"马达加斯加"当作论文材料的来源或学科理论的注脚。相反，身处世纪之交波诡云谲、危机时时浮现的"世界"，格雷伯常常重新返回（抵达？）马达加斯加，这座岛屿所蕴含的思想能量，随着他理论体系的逐渐精进而愈加强烈。立足"世界"，放眼"马达加斯加"，格雷伯既展现了人类学独特的知识抱负，也让看似微观的地方经验有了独特的分量。在我看来，这是一个人类学研究者在伦理和价值的意义上，对自己的"田野世界"做出的回馈。

《海盗与启蒙》是一份带有独特气质的文本，这种独特性对于今日的中国知识界而言，仍有强烈的陌生感。当它批判的锋芒直指我们也已内化的"世界"，指向"世界"所设定的历史想象和概念系统，阅读就不会是一场轻松自在的旅程。唯愿我这篇粗陋的文字，能够在诸位开卷伊始稍做些厘清和说明性质的工作。衷心期待格雷伯的思想，在中文世界里收获更多反馈和回响。

前　言

　　本书最初是一篇论文，打算作为一个章节收录进我与马歇尔·萨林斯合著的论文集里，论文集的主题是神圣王权。1989年至1991年，我在马达加斯加开展原创田野研究，其间，我第一次了解到许多加勒比海盗曾定居马达加斯加，更有甚者，他们的后代依然生活在那里，形成一个自我认同的群体（这件事是我与一位女子有了露水情缘后发现的，她的祖先来自圣玛丽岛［Sainte-Marie］）。我后来惊讶地发现，过去竟然没有人对他们做过系统的田野研究。我一度制订了计划，准备在他们中间开展田野调查，但由于生活的种种变故，计划搁浅了，从未成行。有朝一日我可能还是会去走一遭。就是那个时候，我从大英图书馆影印了一份马耶尔的手稿[①]。文档用的纸张特别大，18世纪的手写字迹几乎无法辨认。它在一堆图书和文件里面躺了很久，在我从小住到大的纽约公寓房间里，靠着一扇大落地窗。许多年来，每当我想要做别的项目的时候，我总感到它在房间

[①]　指法国人尼古拉·马耶尔（Nicolas Mayeur）写于1806年前后的《拉齐米拉荷生平》（"Histoire de Ratsimilaho"）手稿，后续正文中会更详细地论及。——编者注（脚注如无特殊说明，均为作者原注）

另一边略带责备地召唤我。2014年，警方情报部门害我失去了那个家，于是我把整份文件都扫描了下来，一起扫描的还有各种家庭照片和资料，它们太庞杂了，我没办法带去伦敦。最后，我找人把手稿转录了出来。

文档本身从未得到出版，我一直觉得这是个谜：尤其考虑到大英图书馆收藏的原件（编写于毛里求斯）中有一条简短说明称，塔那那利佛的马达加斯加学院（Académie Malgache）收藏了本文件的打字稿版本，若要借阅，请联系某位瓦莱特先生。有几篇法国作者发表的论文明显参考并概述了打字稿的部分内容，但手稿原件——本身就是一部有着大量评注的学术巨作——从未面世。

终于，我觉得我在"海盗"方面已经积累了足够多的素材，可以写一篇有意义的文章了。它原本是为一本讲国王的书撰写的一章内容，所以原题是"海盗启蒙：马达加斯加的冒牌国王"，副标题参考了丹尼尔·笛福的一本讲亨利·埃弗里（Henry Avery）的小册子。但写着写着，文章越来越长，没过多久就有整整70页了，单倍行距。我开始认真考虑几个问题。这篇文章要是插进去，成书会不会太长了？写作它的初衷是要关注骗子国王（还有推而广之的问题，即是否所有国王都是冒名者，只是程度有别而已），现在它是否已经离题太远，实在没有理由收录？

我最后做出了决定：人人痛恨长文，人人喜爱小书。何不出成单行本，独立成卷呢？

于是，我就这样做了。

* * *

　　与利博塔利亚出版社（Libertalia Press）合作出版这本书的机会让我无法抗拒。海盗乌托邦实验"利博塔利亚"这个意象，一向是自由意志主义左派无穷的灵感来源。一直有人觉得，就算它其实不存在，它也应该存在；或者说，就算它在任何字面意义上都不存在，就算从未有过实际叫这个名字的定居点，海盗与海盗社会的存在本身就是一种实验，而即使启蒙运动已被现在的革命者们视作一场打着解放之名的幻梦，向世界释放出了无法言喻的残酷，但在它最深层的渊源之处，仍然蕴含着另一种真正的救赎可能。

　　在思想层面，这本小书可以被视为一个更宏大的学术项目的一部分。这个项目是我最初在《"西方"从未存在过》（"There Never Was a West"）一文中提出的（该论文也是以单行本的形式在法国出版），目前我正与英国考古学家大卫·温格罗（David Wengrow）合作开展相关研究[①]。用现在时髦的话说，它或许可以被称作一个"启蒙去殖民化"（decolonizing the Enlightenment）项目。毫无疑问，许多我们如今视为18世

---

① 　二人合作的著作已于2021年出版，题为 *The Dawn of Everything: A New History of Humanity*，简体中文版题为《人类新史：一次改写人类命运的尝试》（九州出版社，2024年6月）。下文坎迪亚洪克的例子亦来自此书。——编者注

纪欧洲启蒙运动产物的思想，实际上曾被用来合理化异乎寻常的暴行、剥削与破坏，其受害者不仅仅是欧洲本土的劳工阶级，还有生活在其他大洲的人民。但是，对启蒙思想予以全面谴责，这本身也有奇怪之处。我们只消想一想，启蒙运动或许是有史以来第一场主要由女性在大学等官方机构之外组织起来的思想运动，并且公然以推翻一切现有权威结构为目标。更有甚者，如果我们去考察许多原始文献的话，启蒙思想家常常明确表示，自己的思想源头完全外在于我们今天所说的"西方传统"。举一个我会在另一本书中详细阐述的例子，在17世纪90年代，大约就是海盗在马达加斯加建立据点的同一时期，时任加拿大总督弗隆特纳克伯爵（Comte de Frontenac）在位于蒙特利尔的家中办起了类似早期启蒙沙龙的聚会，他和助手拉翁唐（Lahontan）与一位名叫坎迪亚洪克（Kandiaronk）的休伦族政治家在其中辩论种种重大社会性议题，如基督教、经济学、性风俗等等。坎迪亚洪克持平等主义和理性怀疑论立场，主张欧洲法律和宗教的惩罚机制之所以貌似有必要，只是因为欧洲人采用了一种特定的经济体系，而这种经济体系的安排必然会招致上述惩罚机制旨在镇压的行为。后来，拉翁唐在1704年将这些讨论的部分记录整理成书，这本书迅速畅销全欧。几乎每一位启蒙运动的重要人物最后都仿写过它。但不知怎的，坎迪亚洪克之类的人物在历史上被抹杀了。没有人否认这些辩论真实发生过；可人们一贯的假设是，待到事件经过被记录下来的时候，拉翁唐这样的作者直接略过了坎迪亚洪克的原话，而代之以某种完全来自欧洲思想传统的"高贵的野蛮人幻想"。换句话说，我们反向投射了"西方文明"（这个概念甚至直到20世纪初都还不存在）本自具足的思想。而且十足讽刺的是，我们指责那些被我们认定为"西方人"的人（这个词现在基本就是"白人"的婉称）怀有傲慢的种族主义思想，然后以此为借口，抹杀了一切没有被认定为"白人"的人对历史产生的影响，尤其是对思想史的影响。历史学，特别是激进历史研究，仿佛成了某种道德竞赛，唯一的要义在于尽力不放过任何历史伟人的种族歧视、性别歧视和沙文主义（这些点固然是真实存在的），却没有意识到一本400页的抨击卢梭的书仍然是一本400页都在讲卢梭的书。

我还记得小时候听过一次苏菲派作家伊德里斯·沙阿（Idries Shah）的访谈，给我留下了深刻印象。他评论道，那么多聪明正直的欧美人竟然会花那么多时间游行抗议，高呼他们痛恨之人的名字，挥舞他们痛恨之人的图像（"嘿，嘿，LBJ，你今天杀了几个孩子？"①），实在奇怪。他说，这些人难道意识不到，这给他们所谴责的政客带来了多么大的心理满足？我想，正是这些话最终让我拒绝抗议政治，拥抱直接行动。

贯穿本书的一些义愤就来源于此。为什么我们不把坎迪亚洪克这样的人视为在人类自由这个主题下的重要理论家？他显然当之无愧。为什么我们不将汤姆·齐米拉荷（Tom Tsimilaho）

---

① LBJ指美国第36任总统林登·贝恩斯·约翰逊（Lyndon Baines Johnson），该口号旨在抗议他任期内美国在越南的军事行动。——编者注

这样的人视为民主先驱？为什么我们明知道女人在休伦社会和贝齐米萨拉卡（Betsimisaraka）社会中扮演了重要的角色，但她们的姓名大多没有流传下来，就连讲述这些社会中的男性的著作也不提她们的贡献？这就好比讲述启蒙运动的著作基本不提组织沙龙的女性。

最起码，我希望这次小小的历史写作实验能说明一点，那就是现有的历史不仅存在深刻的缺陷和欧洲中心主义，而且毫无必要的枯燥乏味。道貌岸然确实有某种隐秘的愉悦，就像将所有人类行为都简化为自我扩张的算计会带来某种数学性的快感一样。但这些归根到底是庸俗的乐趣。人类历史的真实故事要有趣一千倍。

那么，让我们来讲述一个有关魔法、谎言、海战、劫持公主、奴隶起义、搜捕罪犯、冒牌"王国"和骗子"大使"、间谍、珠宝大盗、下毒、恶魔崇拜和性迷恋的故事吧，现代自由的起源就寓于其中。希望读者能享受到和我一样的快乐。

* * *

最早的希腊人全是海盗。

——孟德斯鸠，《论法的精神》

这本书的内容关于真真假假的海盗王国，也关于一方很难辨明真假的时空。在17世纪末到18世纪末之间，马达加斯加东海岸上演了一出延续近百年的皮影戏，戏里有海盗王，有海盗暴行，有海盗乌托邦，与之相关的流言蜚语为整个北大西洋世界的咖啡馆和酒馆顾客们带来了震惊、灵感和娱乐。站在当下的视角回望，我们绝对无法将这些说法条分缕析，确切地说清楚孰为真，孰为假。

　　有些故事显然是假的。例如，在18世纪的头十年，许多欧洲人曾相信亨利·埃弗里船长带领一万名海盗手下在马达加斯加建立了一个庞大的王国，它几乎要成为全世界首屈一指的海军强国。这个王国其实根本不存在，就是一个骗局。现在大部分历史学家确信，"利博塔利亚"的宏大乌托邦实验也是如此。利博塔利亚的故事设定也在马达加斯加，它出现在某约翰逊船长（Captain Johnson）所著的《海盗通史》（*A General History of the Pyrates*，1724）中的一章里。约翰逊笔下的利博塔利亚是一个奉行平等主义的共和国，那里废除了奴隶制，凡物共享，凡事共管。建国者米松（Misson）是一位金盆洗手的法国海盗船长，他的哲学观受到了一位被免去圣职的意大利神父的影响。但是，历史学家没有发现其他证据，可以表明确实存在过一位名叫米松的法国海盗船长，或者这样一位被免去圣职的意大利神父（书中说他名叫卡拉乔利［Caraccioli］）——尽管事实上，书中提到的其他海盗几乎全都能够在文献资料中找到记载。考古学家同样找不到任何利博塔利亚存在的实物证据。因此，普遍共识认为，这个故事全系编造。有人愿意认为，这或许是一则水手传说，《海盗通史》的作者觉得这等好故事不收录太可惜，即便他大概知道故事里的情节从未真实发生。最简单的看法是，约翰逊船长（不管他是谁）自己编造了整个故事。不过，很少有人觉得这有什么要紧，因为他们觉得唯一重要的问题是：马达加斯加海岸是否真的有过一个由前海盗组成的、名叫利博塔利亚的乌托邦定居点？

在我看来，这是一个细枝末节的问题。米松或卡拉乔利很可能并不存在，大概也没有一个定居点确切就叫"利博塔利亚"这个名字；但是，马达加斯加海岸确实有过海盗定居点，而且那里确实是激进社会实验的场所。海盗确实会尝试新的治理形式与产权安排，更有甚者，周边与他们通婚的马达加斯加社区成员也参与了这些实验。这些马达加斯加人里面有很多就住在海盗定居点，在海盗船上当水手，与海盗歃血为盟，花费大量时间与海盗进行政治对话。米松船长的故事在有一点上确实带有欺骗性，那就是将马达加斯加人排除在故事主线之外，给海盗安排了遭遇海难的外国妻子，将附近居民简化为最终击败并杀死海盗的敌对部落。但这只是方便了历史学家和人类学家去做他们在此类情形下本来就倾向于做的事：将一批人认定为欧洲人，将另一批人认定为非洲人或者就是非白人，然后把这两批人的政治事务完全当作分离的研究领域和分离的世界来处理，默认他们不太可能对彼此产生任何重要的政治影响，更不用说思想影响了。

事实上，我们会看到，实际情况要复杂得多，但蕴含的趣味和希望也多得多。

　　所以说，利博塔利亚的故事，或者埃弗里海盗王国的故事，绝非孤立的幻想。再说了，某些故事存在而且广受欢迎，这本身就是一种有意义的历史现象。在某种意义上，我们甚至可以借用马克思的话来说，这些故事是历史中的物质力量。毕竟，我们现在讲的"海盗黄金时代"其实只延续了四五十年，而且也已经过去很久了，但全世界的人依然在讲述海盗和海盗乌托邦的故事——或者说，将关于魔法、性和死亡的万花筒般的种种幻想附丽于这些故事。正如我们之后会看到的，海盗故事向来伴随着这种幻想。很难不得出这样的结论：这些故事之所以长久流传，正因为它们体现了一种人类自由观，一种至今依然让人感觉有意义的愿景——与此同时，它也是兴起于18世纪欧洲沙龙、至今依然占据主流地位的自由观的一种替代选项。一个嘴里缺牙或挂着一根木腿的海盗，对全世界升起反抗的旗帜，躺在赃物堆上大吃大喝直到烂醉如泥，一嗅到强烈抵制的迹象便逃之夭夭，身后只留下传说与谜团。他或许和伏尔泰、亚当·斯密一样是启蒙人物，但他也代表着一种极具无产阶级色彩的解放观，这种解放注定是暴力而短暂的。现代工厂纪律诞生于舰船和种植园。直到后来，新兴的工厂主才采纳了这些技术，在曼彻斯特和伯明翰一类的城市中将人变成了机器。因此，不妨将海盗传说称为北大西洋新兴的无产阶级最重要的诗性表达，他们遭受的剥削为工业革命打下了基础。[①]只要这些规训形式，或者它们更隐微狡猾的现代化身，还在支配着我们的工作生活，我们就永远会对海盗着迷。

不过，本书的主要内容不在于海盗的浪漫吸引力。这是一部受人类学影响的历史著作，意在明确17世纪末至18世纪初马达加斯加东北海岸到底发生了什么，那里当时是数千名海盗的家园。另一个意图是论证利博塔利亚在广义上确实存在，而且某种意义上确实可以被视作最早的启蒙政治实验。不仅如此，让这场实验得以发生的男男女女，大多操着马达加斯加语。

＊　＊　＊

海盗乌托邦的故事无疑广为流传，也在历史上造成了影响。真正的问题只是，这些影响的深度和广度到底有多大。我觉得有理由认为，这些影响极其重大。就拿一件事来说，这些故事早在牛顿和莱布尼茨时代就开始流传了，远早于后来与孟德斯鸠、百科全书派画上等号的政治理论的出现。诚然，孟德斯鸠发表过这样的观点，说所有国家的起点都非常类似于乌托邦实验：伟大的立法者贯彻了自己的愿景，愿景成为法律，法律塑

---

① 埃里克·威廉姆斯（Eric Williams）（《资本主义与奴隶制》[*Capitalism and Slavery*]）首次提出，欧洲人在新大陆建立的奴隶种植园实际相当于最早的工厂。彼得·莱恩博（Peter Linebaugh）和马库斯·雷迪克（Marcus Rediker）（《多头蛇》[*The Many-Headed Hydra*]）阐发了一个"前种族"的北大西洋无产阶级的概念，其中同样的机械化、监控和规训的技术也用到了水手身上。

造了伟大民族的性格。在这些启蒙代表人物幼年或青少年阶段无疑听说过的故事中，米松或埃弗里等海盗船长恰恰就是要做这样的事。1707年，孟德斯鸠刚满18岁时，丹尼尔·笛福正在英国撰写一篇雄文，将定居马达加斯加的海盗与古罗马的缔造者相提并论，因为他们都自立新土，创制新法，最终发展出一个伟大的征服者民族。这种言论挑起的激情大多来自夸大宣传乃至赤裸裸的欺诈，但这并不影响人们对它的接受。我们不知道这一篇长文有没有被翻译成法文（大概率没有），但我们知道，号称代表新成立的海盗王国的使节，确实在大约同期造访了巴黎，寻求某种联盟。年轻的孟德斯鸠听说过这件事吗？我们还是不知道，但不难设想这正是当时的学者们最会拿来打趣和论辩的那类新闻，也极有可能抓住一位雄心勃勃的年轻知识分子的想象。

有些事我们是确知的，也许最好先把它们列出来看看。我们知道在17世纪，有一大批来自加勒比海等地的海盗沿着马达加斯加岛东北海岸定居。他们的马达加斯加后代（扎纳马拉塔人［Zana-Malata］）至今依然是一个自我认同的群体。我们知道，他们的到来引发了一系列社会动荡，最终导致在18世纪初成立了一个名为"贝齐米萨拉卡联邦"（Betsimisaraka Confederation）的政治实体。我们还知道，生活在当年联邦控制的领土——延绵近700公里的海岸带——之上的人们，如今依然自称贝齐米萨拉卡人，而且被认为是马达加斯加最坚持平等主义的人群之一。我们知道，联邦创建者据称是个名叫拉齐米拉荷的人，时人认为拉齐米拉荷的父亲是一位来自安布纳乌（Ambonavola，大概是今富尔波因特 [Foulpointe]①）的英国海盗，而在同时期的英文记述中，安布纳乌本身就被描述为一场乌托邦实验，旨在将典型的海盗船式民主组织原则运用到陆地定居社会中。最后，我们知道拉齐米拉荷最终就是在这座城中称贝齐米萨拉卡国王的。

上述情况是基本可以确定的。但除此之外，文献就非常令人迷惑了。例如，殖民时代确立的编年史通说认为，拉齐米拉荷作为贝齐米萨拉卡国王在位统治的时间是 1720 年至 1756 年。与拉齐米拉荷相距两代人的文献中将他描绘成了某种启蒙哲人王，凭借个人才智创建了贝齐米萨拉卡，但是他引进欧洲科学与文明的宏伟计划，最终却因海盗盟友们的溃败和法国奴隶贩子的掠夺而未能实现。然而，这很难契合与他同时代的文献。在那些文献中，这同一个人——或至少看起来就是这同一个人的人——有时是国王，但有时只是众多本地酋长之一，还有一处说他是牙买加海盗"国王"约翰·普兰廷（John Plantain）的二把手。在另一份记述中，他是一位马达加斯加君主的副手，所在地还位于马达加斯加的另一片区域。不仅如此，考古学家并未发现贝齐米萨拉卡王国真实存在的证据，任何可识别意义上的证据都不存在；同时代马达加斯加其他地区的邦国留下了明显的物质遗存，但在东北海岸一带，找不到兴建过宫殿与公

---

① 富尔波因特位于马达加斯加岛东北海岸，马达加斯加语名为马哈韦卢纳（Mahavelona）。——编者注

共工程的迹象，找不到创立过税收体系、官僚科层或常备军的证据，也没有发现早前乡村生活模式受到严重破坏的痕迹。

这一切该如何理解？

我可能无法在这本小书里全面解释现有证据——所谓的全面解释或许本就是不可能的任务——但我会尝试提供一个解读这些证据的整体框架。在以下几点上，我的分析会打破对这一时期的传统认知。

首先，我主张在当时的马达加斯加，特别是受海盗影响的区域，强大王国的故事未必要按照字面意思去理解，甚至实际存在的看似王廷的东西，也未必要按它表面上的样子去理解。当时沿海地带的资源完全可供搭建用来震慑外人的波将金式宫廷，而且显而易见的是，在外国观察者遇到的"国王"里，至少有一部分纯粹只是伙同了他们表面上的马达加斯加扈从，在玩假扮国王的把戏。海盗特别擅长这种把戏。事实上，海盗黄金时代之所以至今都是传说的素材，一个原因就是当时的海盗太擅长操弄传说；他们像部署战斗武器一样运用传奇故事（不管那故事是残暴可怖的，还是感召理想的），哪怕他们打的是一场孤注一掷、注定失败的仗，是一帮杂七杂八的不法之徒在对抗一整个当时新兴的世界权力结构。

其次，我要强调，这些故事确实包含真实的成分，就像所有成功的宣传一样。利博塔利亚共和国或许并不存在，至少在字面意义上不存在，但海盗船、安布纳乌等海盗城镇，以及我认为还有贝齐米萨拉卡联邦本身——它是由马达加斯加政治行动者与海盗密切合作创建的——在很多方面都是自觉的激进民主实验。我甚至要进一步论证，它们事实上代表了一些启蒙政治思想的萌动，它们探索的理念和原则最终由政治哲学家加以发展，并在一个世纪后的革命政权中被付诸实践。这就解释了贝齐米萨拉卡表面上的矛盾：据说由一位失败的哲人王创立，但事实上仍由一群顽固的平等主义者组成，并以拒绝接受任何领主的权威而闻名。

（超）激进启蒙

把书名起为"海盗启蒙"显然会引发争议，尤其考虑到"启蒙"本身如今已经名誉扫地。尽管18世纪的启蒙者们自以为是激进分子，致力于打破一切既成权威的枷锁，为人类自由的普世理论奠定基础，但当代的激进思想家们更可能认为启蒙思想才是终极的既成权威，认为这场思想运动的主要成就是为一种特定的现代式的理性个人主义奠定了基础，而这种个人主义成了"科学"种族主义、现代帝国主义、剥削和种族灭绝的基础。毫无疑问，当接受启蒙思想教育的欧洲帝国主义者、殖民者和奴隶主涌向世界的时候，上述恶行实实在在地发生了。当然，这里的因果关系也可以再商榷。假如那些人依然用宗教信仰来合法化自身行为（就像他们在之前几个世纪里那样），他们的做法会有所不同吗？大概率不会。但在我看来（我在其他论著中也讲过这一点[1]），由此而来的大量争论让我们偏离了一个更为根本的问题：启蒙理想，尤其是关于人类解放的启蒙理想，到底能不能被有意义地称为"西方"理想？因为我强烈怀疑，当未来的历史学家回望这些事情的时候，他们可能会得出大体上否定的结论。欧洲的启蒙时代首先是一个思想融会贯通的时代，彼时，英国和法国等过去的思想洼地突然间成了全球帝国的中心，接触到了（对它们来说）惊人的新观念，并试图整合这些观念，例如来自美洲的个人主义和自由理想、主要受中国启发的官僚制民族国家的新概念、非洲的契约理论，以及发源于中世纪伊斯兰文化的经济和社会理论。

出于显而易见的原因，实践层面的融会贯通——尝试借助这些新思想组织新的社会关系，尤其是在启蒙时代早期——并非发生在依然受各种旧制度掌控的欧洲大城市，而是发生在新生世界体系的边缘，尤其是沿着帝国开拓路线出现的相对自由的空间，开辟这些空间的过程往往伴随着相关人群的重组。这常常是可怕暴力的副产品，当地原有的民族和文明惨遭毁灭。但重点是要记住，情况并非全部如此。我已经简短提到过海盗在其中的重要作用，[2]尤其是在率先发展新的民主治理形式方面。我指出，海盗团伙常常由各式各样、熟悉各种不同社会安排的人组成（同一条船上可能有英国人、瑞典人、出逃的非洲奴隶、加勒比克里奥尔人、美洲原住民和阿拉伯人），他们信奉某种粗糙的平等主义，被一起抛进了亟须迅速建立新制度结构的处境中，这群人在某种意义上正是完美的民主实验室。事实上，至少有一位著名欧洲政治思想史研究者明确提出，在北大西洋世

界的启蒙政治家后来发展出的民主形式中，有一部分很可能最
早诞生于17世纪80年代和90年代的海盗船上：

> 领导权可以来自被领导者的同意，而非更高权威的授
> 予，这可能正是早期现代大西洋世界里海盗船船员们的经
> 历。船员们不仅选举船长，而且了解权力制衡（以舵手和
> 船员大会的形式）和群己契约关系（以书面船规约定劫掠
> 所得的分配份额和工伤的赔偿标准）。[3]

　　毫无疑问，正是这些新颖的形式给了英国和法国作家灵感，
他们才会开始遐想利博塔利亚之类的海盗乌托邦。但在他们的
记述中，主角永远是欧洲人。从利博塔利亚的故事就可见一斑。
我们对它的唯一了解途径是《海盗通史》一书，该书于1724年
面世，作者名叫查尔斯·约翰逊船长，这很可能是丹尼尔·笛
福的一个化名。书中，全系欧洲血统的移民着手开创一场自由
主义实验，不仅以多数票决和私有财产为基础，还要废除奴隶
制、种族隔离和制度性宗教；据说几乎所有著名海盗（汤姆·图
[Tom Tew]、亨利·埃弗里等）都参与了；故事结局是，狂暴的
原住民一举击溃了这些人，毫无理由地消灭了他们。这样看来，
尽管利博塔利亚号称种族平等，但马达加斯加人并不是其中一
分子。在这类记述中，原住民从来不会亲身参与政治实验。事
实上，这种（根本上种族主义的）偏见延续到了殖民时代乃至
大多数当代的历史书写中。说欧洲语言的人开展的政治实验与

说马达加斯加语的人开展的政治实验被视为彼此完全无关，就算两者发生在几乎相同的时间地点，且参与者之间有日常往来。

　　例如，在历史通说中，海盗对贝齐米萨拉卡联邦建立的影响被认为是字面意义上的遗传影响。标准历史认为，贝齐米萨拉卡是由欧洲海盗与马达加斯加女性的后裔们，在一位具有超凡魅力的马拉塔人拉齐米拉荷的天才领导下建立的，随后被强加于消极被动、唯命是从的马达加斯加原住民。不仅如此，拉齐米拉荷总是被描绘成在本质上只是引入了欧洲既有的创制，比如民族国家，而从未做出任何自己独到的政治贡献。法国历史学家于贝尔·德尚（Hubert Deschamps）陈述了殖民时代的传统观点，这种观点至今依然多少是主流看法：

　　　　他便是这样的伟男子，一个海盗之子，凭借自身的智慧与品格自立为王。东海岸零散的部落原本生活在无政府、战争与贫困之中，而他将各部团结在一起，使之成为一个强大繁荣的国家，并保障了它的持久与团结……

　　　　他首次将领土意义上的国家引入了这座大岛，欧洲国家无疑为他提供了范例……［但］他死后，他的王国一点点瓦解了。[4]

　　事实上，上述通说的内容几乎全都经不起推敲。首先，我们之后会讲到，虽说拉齐米拉荷其人显然确实存在，似乎也确实是马达加斯加本地女人拉赫娜（Rahena）与英国海盗汤莫

（Thamo，或称Tom）之子，但在联邦建立的时候，其余的马拉塔人大多数还只是孩子。[①]不仅如此，我们掌握的资料清楚表明，除拉齐米拉荷以外，其他成年马拉塔人都拒绝参与其中。

其次，没有证据表明拉齐米拉荷的王国在任何意义上类似于"领土国家"。事实上，根本没有实际证据表明那里存在过任何类型的王国。一份当地考古报告[5]写道，"王国"建立后，聚落形态并未发生变化——当然了，考古学家也好，其他人也罢，都没有发现当时的马达加斯加东北部存在任何有关行政等级制度或社会阶级体系的证据。所有证据都表明，大多数决策仍然同先前一样，是在民众大会上做出的，所有相关人士都有权发表意见。事实上，我们后面会讲到，有理由认为在"王国"建立后，政治与社会组织的等级化程度比过去更低：因为早期记述中间接提及的战士贵族等级消失了。于是，大会的重要性反而得到凸显。诚然，扎纳马拉塔人逐渐变得或多或少类似一个内部通婚的世袭贵族阶层，在18世纪末回归了祖先的海盗营生，有组织地劫掠科摩罗群岛，乃至桑给巴尔；但他们本质上一直被认为是外来人，他们的政治权力最终被一场民众起义推翻，他们的领土则在大约同一时间（1817年）被以高地为大本营的马达加斯加王国吞并。[6]

摆在我们面前的似乎是一个真正的历史异常现象：一个政治实体，呈现给外界的形象是一个王国，以一个天纵英才、魅

————
① 不仅如此，在1712年开战时，他们当中不可能有人超过21岁，因为马达加斯加直到1691年前后才有相当数量的海盗活动。拉齐米拉荷本人当时据说是18岁。

力超凡的海盗之子为中心，但内部运作却遵循去中心化的草根民主，没有任何成熟的社会等级制度。这要如何解释？历史上有与之相似的真实案例吗？

事实上，最明显的对标物就是海盗船自身。在外人面前，海盗船长常常试图建立大权在握、令人恐惧的亡命之徒形象。但在他们自己的船上，船长不仅由多数票决产生，随时可以被多数票决罢免，而且只在追击或战斗期间才有权发号施令，否则必须像其他所有人一样参加船员大会。除船长和舵手（舵手是大会主席）以外，海盗船上没有职级。此外，我们知道有人明确尝试过将这种组织形式移植到马达加斯加本土。最后，我们之后会看到，海盗或其他不逞之徒在某座马达加斯加港口城镇站稳脚跟，试图冒充国王或亲王，同时完全不设法重组周边社区的实际社会关系，这种做法由来已久。①

这样看来，贝齐米萨拉卡人确实重组了所在社区的实际社会关系，只不过采取的不是真正的君主政权之下的那种方式。

本书接下来要论证的是，海盗的到来可以说在马达加斯加沿海引发了一连串革命。第一场，或许也是最重要的一场革命主要以女性为先锋，目标是打破先前在外邦人与东北海岸人民之间充当中介的氏族所垄断的仪式和经济权力。建立贝齐米萨

---

① 例如，本书原副标题的灵感来源是丹尼尔·笛福的小册子《海盗王：马达加斯加冒牌国王埃弗里船长大业记》(*The King of Pirates: Being an Account of the Famous Enterprises of Captain Avery, the Mock King of Madagascar*, 1720)。埃弗里，或者他的使节，又或者只是冒充埃弗里使节的人甚至曾短暂说服了一些欧洲君主，使其相信埃弗里在岛上建立了一个雄心勃勃的新海盗王国。

拉卡联邦实际上是第二场革命，而且最好将它看作男性对第一场革命的反扑。在海盗的幌子下，以及在一位混血海盗王名义上的领导下，氏族领袖和雄心勃勃的年轻战士开展了一场行动——我认为最好视之为一次属于他们自己的原始启蒙政治实验，创造性地综合了海盗的治理方式与传统马达加斯加政治文化中的一些平等主义元素。历史通说中所谓的建立王国的失败尝试，完全可以被视为一场由马达加斯加人领导的成功的海盗启蒙实验。

第一章

马达加斯加东北部的海盗与冒牌国王

对待海盗很难做到客观。大多数历史学家连试都不会试。关于17世纪海盗的文献大体上分为两类：通俗文学中是浪漫化歌颂，学术界则在争论最好将海盗看作原始革命家，还是单纯的杀人犯、强奸犯和窃贼。[1]我在这里并不打算就这个问题较真。无论如何，海盗是多种多样的。有一些人们记忆里的海盗船长其实是绅士冒险家（gentleman freebooter）、私掠者，或者某个欧洲政权的官方或非官方代理人；另一些人可能单纯是虚无主义的罪犯；但还有很多人的的确确创造了某种反传统的文化和文明，即便时间短暂，即便在许多方面属实残酷，但发展出了自己的道德规范和民主制度。也许关于他们，我们最好这样讲：参照当时的标准，他们的暴行并没有那么异乎寻常，但他们的民主实践几乎前无古人。

就17世纪和18世纪马达加斯加发生的事情来说，最相关的似乎正是最后这一类，也是最受激进历史学家推崇的一类海盗。

接下来有必要简介一下背景。

一部分早期海盗船是脱籍的私掠船，但一般来说，海盗船员诞生于哗变。16世纪欧洲船只上的纪律专断而残酷，常常给了船员充分的理由揭竿而起。但陆地上法不容情。哗变船员知道自己必死无疑。成为海盗就是接受这般命运。哗变船员会"对全世界"宣战，升起"海盗旗"（Jolly Roger）。版本众多的海盗旗本身就很有启发性。它通常被视为恶魔的形象，但旗帜上往往不仅有骷髅头或骨架，还有一个沙漏，代表的与其说是威胁（"你们就要死了"），不如说是赤裸裸的反叛宣言（"我们早晚都是要死的"）——对于从海平线上辨认出旗帜图案的水手来说，或许再没什么比这更可怕的了。高高升起的海盗旗昭告着船员们接受自己正走在下地狱的路上。

此处或许值得停下来思考一下，17世纪的北大西洋世界把这种不服从——不服法，也不服神——看得有多严重。拥抱魔鬼可非同儿戏。按照当时海船上的标准，盗窃、暴力、残忍是家常便饭，可渎神，以及系统性地拒斥宗教，那就是另一码事了。尽管当时和现在一样，水手的用语出了名地丰富多彩，但在海盗中间，这似乎往往演变成了一种真正的意识形态。地狱令他们心驰神往。外部观察者当然总爱强调这一点。克莱门特·唐宁（Clement Downing）写的海盗约翰·普兰廷传开头如下：

> 约翰·普兰廷出生于牙买加岛上的巧克力洞（Chocolate Hole）。他的父母都是英国人，用心向他提供了两人自己具备的最优质教育，那就是诅咒、脏话和渎神，从他刚开始学说话起就是如此。[2]

作者本身也是水手，他记述了一件让他惊骇的事情。当时他的船组正在清剿海盗的路上，马达加斯加的村民们热情地招呼他们，高喊"上帝诅咒你，约翰！我爱你！"——村民的英语是跟海盗学的。[3]

普兰廷本人后来在马达加斯加居住了一段时间，得名"咆哮湾之王"（the King of Ranter Bay）。这个头衔长期受到学者的关注。尽管"咆哮湾"看上去仅仅是马达加斯加语中"大海滩"（Rantabe）的英文化说法，但也很难想象它没有影射"咆哮者"（Ranters）的意思。"咆哮者"是发生在两代人之前的一场激进的劳工阶级反律法（antinomian）运动，公然宣扬废除私有产权和现行的性道德。（事实上，英国出台渎神法主要就是为了镇压它。）虽说没有历史证据表明"咆哮者"的思想对海盗有直接影响，[①]但无论如何，这也能反映出他们在同时代的人心目中激起了怎样类似的感受。这些男人（印度洋海盗几乎清一色是男性）生活在某种死亡之域，在守法者眼里，他们就算不是魔鬼本身，也是要下地狱的，而他们也丧心病狂似的欣然接受了自身的妖魔化。

---

① 克里斯托弗·希尔（Christopher Hill，《17世纪英国民族与英国思想》[*People and Ideas in Seventeenth-Century England*]）在《激进海盗？》（"Radical Pirates?"）一文中提出，在牙买加或其他加勒比殖民地避难的反律法主义者（包括激进贵格会成员和咆哮者）有可能影响了海盗，甚至自己当了海盗，但此说依然属于揣测。

海盗来了马达加斯加

　　所谓"海盗黄金时代"的海盗始于大西洋，抢劫对象是来自新大陆的船只：西班牙金银船队的最后残余，还有来自西印度群岛种植园经济的新财富。许多人逐渐发现，印度洋上的欧洲和亚洲商船满载香料、丝绸和贵金属，这些猎物要肥得多。红海上有前往麦加朝圣的穆斯林，他们来自印度乃至更远的地方，诱惑力尤其大。马达加斯加是开展这类袭掠的理想基地，因为它处于某种法律上的灰色地带：这座岛屿既不在负责大西洋奴隶贸易的英国皇家非洲公司管辖范围内，也超出了东印度公司的管辖范围。尽管西海岸存在多个强大的王国，南边也有一定的势力，但东北部门户大开，还有众多天然良港，它们后来发展为港口城市费内里沃（Fenerive）^①、塔马塔夫（Tamatave）、富尔波因特和圣玛丽。

　　圣玛丽其实是欧洲商人给安通吉尔湾（Bay of Antongil）南边不远处的一座岛屿起的名字。至少从17世纪50年代以来，这里就常常是探险家和劫掠者的集结地。马达加斯加人称之为布拉哈岛（Nosy Boraha）。该岛以淡水充足、港口安全闻名，1691年后成了一处臭名昭著的海盗基地，有要塞，有整修中心，有大商店，还有一座人口随季节浮动，少则几十，多则上千的小镇。镇民各色各样，有活跃的和退隐的冒险家，有各种逃兵逃犯，还有他们的马达加斯加妻子、盟友、商人和随从。

———————————
① 费努阿里武-阿齐纳纳纳（Fenoarivo Atsinanana）的旧称。——编者注

圣玛丽镇的创立者名叫亚当·鲍德里奇（Adam Baldridge）。他本人之前是一名海盗，因为在牙买加杀人而受到通缉，后来谋了一个贸易代理人的职位，老板是极其成功但毫无底线的纽约商人塞缪尔·菲利普斯（Samuel Philipse）。菲利普斯对这一片已经很熟；他在17世纪80年代末就委托船只去岛上购买奴隶了，以此为幌子，他建立起一处表面上从事"合法"行当（奴隶贸易）的站点，其实主要业务是给海盗提供补给并销赃。这就导致在一段时间里，圣玛丽和纽约之间贸易往来活跃。走加勒比海—印度洋"海盗路线"的船只一定会在圣玛丽停靠，通常是为了修缮船只，补充食品和武器，如果得手的话，还会回来销赃。想要下船休息一阵，或者试图隐姓埋名返乡的船员会在这里小住；也有人长居于此。

鲍德里奇是要塞的主人，有时喜欢自称"海盗王"，但并无证据表明其他人也这样称呼他，亦无证据表明在与其他海盗打交道时，他的地位真的超出了"平等者之首"（first among equals）①。圣玛丽镇似乎没有稳定的政府，甚至没有稳定的人口：因为这里对大多数人而言是暂栖之所；有意长居的人往往会早早死于热带疾病，而酗酒和其他放纵行为更会加重病情；幸存者往往最后会到本岛定居。随着时间推移，退隐海盗的数量增长到了数千人，东北海岸也散布着小型海盗聚落。

---

① 指在一群地位相等的人中，某个人因为某些特质或能力而稍显突出或被赋予领导地位，但仍然保持与其他人平等的关系。——编者注

赃物问题

尽管在红海下手的海盗常常坐拥大量现金，还有黄金、珠宝、丝绸、棉布、象牙、鸦片和其他异域产物，但他们往往很难处理这些物资。务必谨记这一点，否则就不可能理解圣玛丽的重要性。今天你不可能拿着一大袋子钻石走进一家伦敦珠宝店，要求店主出 10 万英镑现金收购，在 17 世纪 90 年代同样不行。出货金额这么大，马上会引来刑事当局的注意，尤其考虑到出货人显然出身寒微。金额越大，麻烦越大。历史书中经常记载，一伙海盗干了一票后拿到了价值 12 万英镑的财宝，作者还会贴心地换算出这笔钱相当于现在的几百万英镑。但是，海盗大概率不可能把这笔钱换成，比方说，康沃尔或者科德角的海景豪宅。在西印度群岛或留尼汪岛可能会找到某位贪污腐败的殖民地官员，以分走一大笔赃物为条件，允许海盗在此定居生活；但若非如此，海盗哪怕仅仅是为了将一部分赃物变现，也必须制订复杂的计划，或者办个假身份。

亨利·埃弗里（又名亨利·埃夫里［Henry Every］、本·布里奇曼［Ben Bridgeman］、朗·本［Long Ben］）的抢劫成果或许冠绝海盗史。他的案例颇具参考意义。1694 年 5 月，私掠船"查尔斯号"（*Charles*）发生哗变，水手将他选为船长。[4]在前往印度洋的路上，他们加入一支船队，袭击了一支前往麦加的武装强大的莫卧儿舰队。经过长时间追逐和战斗，他们俘获了两艘船（"奇宝号"［*Ganj-i-Sawai*］和"穆罕默德胜利号"

［*Fateh Muhammed*］），抢得的赃物估值为60万英镑（根据莫卧儿宫廷后来对英国当局的说法）。根据一个流行的故事版本，埃弗里第一个发现船上家具表面的珠宝不仅仅是切割玻璃。趁着手下船员还在搜罗黄金和硬币的时候，他就拿着凿子给自己撬了满满一袋钻石。这几乎可以肯定是传说；事实上，财宝按规定被均分给了全体船员，但销赃成了一个棘手的难题。对方的货价值这么高，鲍德里奇无力相助。结果，有些人跑去了留尼汪岛，"查尔斯号"则先去了拿骚，当地总督据传是可以收买的。

麻烦的是，这批赃物实在太匪夷所思。奥朗则布（Aurang-zeb）大怒，谴责英国政府是同谋，并扣押了境内的东印度公司代表，以驱逐出境相威胁；英国政府随之宣布埃弗里是"人类公敌"，对其发出国际通缉令——这是世界上第一份国际通缉令。埃弗里的一些手下分散去了北美殖民地各处；另一些人化名返回爱尔兰；几个人在卸货过程中被发现，有人供出了同伙；最后有24人被捕，其中6人被公开绞死，以安抚莫卧儿政府。不过，埃弗里的命运仍然成谜。他从未伏法。有人说他躲了起来，不久后就死了。还有人坚称他最后设法销了赃，悠然归隐，或许是在热带的某个地方。但还有一些人主张，他被布里斯托的钻石商人们联起手来敲竹杠，他们知道不管自己做什么，一介通缉犯都不能把他们告上法庭，于是埃弗里多年后死在某个海边的贫民窟里，穷得连下葬的棺材都买不起。

尽管如此，如果仅仅把埃弗里传遍国际的恶名总结为一种负担，那就太简单化了。传奇故事迅速围绕他产生，这就为后世的海盗，也许还为埃弗里本人（我们确实不知道他身上发生了什么）提供了一种手段，能够以更有利的方式与现有的权力结构谈判：自称某海盗王国的使节。谣言很快流传开来，在很多情况下明显得到了圣玛丽岛海盗自身的积极助推。谣传埃弗里还在马达加斯加；其实他掳走了莫卧儿皇帝的女儿，这位姑娘在"奇珍号"被俘后便爱上了勇猛无畏的海盗，两人在马达加斯加建立了一个新的王国。有人说埃弗里和他的公主新娘居住在一座坚不可摧的要塞中，统治着马达加斯加岛，也有人说他主导了一场乌托邦式的民主实验，财货一概共享。（这些故事演变成了利博塔利亚。）没过多久，这个虚构海盗国的使节就现身欧洲各地宫廷，向它们描绘了一个雄踞西南印度洋的新兴王国，那里生活着成千上万的海盗和他们来自各部族的同盟，拥有一支战船众多的舰队，正在寻求盟友。"使节"们1707年觐见了英国宫廷，1712年和1714年又分别来到法国和荷兰宫廷。他们在这三个国家成果寥寥，但几年后，他们在俄国、奥斯曼帝国和瑞典获得了大得多的重视。在花招败露之前，瑞典政府真的签署了初步条约，还准备派遣大使；彼得大帝则考虑与海盗结盟，好在马达加斯加建立俄国殖民地。[5]

　　当然，我们无从得知这些"使节"是与真海盗确有关系，还是孤立的骗子。但是，这些故事深深影响了欧洲人的想象。年轻的丹尼尔·笛福是最早支持新海盗国大业的作家之一。1707年，他在自办期刊《评论》（*Review*）中详细论证了为何应当承认埃弗里的王国。他发现，包括罗马在内的许多古国也是由各路匪徒建立的；如果英国政府不与这样一个新崛起的势力实现关系正常化，它可能就会成为全世界有魄力罪犯的避风港，从而威胁大英帝国。不久之后，大业便被揭穿为一场骗局。尽管如此，与之相关的通俗虚构作品还是出现了，第一部是1709年的小册子《著名英国海盗，现马达加斯加之主约翰·埃弗里船长生平历险记》（*The Life and Adventures of Capt. John Avery; the Famous English Pirate, Now in Possession of Madagascar*），作者是阿德里安·范布鲁克（Adrian van Broeck）。十年后，笛福自己企图正视听，写出了《海盗王：马达加斯加冒牌国王埃弗里船长大业记，附相关传言与劫掠活动，全面揭露前人谬说》（*The King of Pirates: Being an Account of the Famous Enterprises of Captain Avery, the Mock King of Madagascar with His Rambles and Piracies Wherein All the Sham Accounts Formerly Publish'd of Him, Are Detected*，1719）。其中莫卧儿公主的桥段被砍掉，而他的乌托邦实验终告失败。几年后，笛福很可能用约翰逊船长的笔名写了《海盗通史》，进一步贬损埃弗里，把他描绘成了一个无能的恶棍，携大把钻石潜逃，死时却身无分文，手下船员们生活窘迫，在马达加斯加本岛上陷入了霍布斯式的混乱无序。书中转而将伟大的乌托邦实验（如今被贴上了"利博塔利亚"的标签）的故事嫁接到了纯系虚构的米松船长身上。

圣玛丽经济的真相

相比之下，圣玛丽岛的真实历史或许就显得贫乏了，但那是一个货真价实的海盗窝，印度洋上的海盗们很容易就能在这里找到庇护所和同胞，而且至少在 1691 年至 1699 年间可以处理掉部分赃物，换取一些舒适生活之所需。每年纽约会来几次商船，不仅载着啤酒、葡萄酒、烈酒、火药和武器，还有羊毛、镜子、餐具、锤子、书籍和针线等生活必需品。返航时，商船装的一部分是海盗的赃物，还有一部分是要到曼哈顿卖为奴隶的马达加斯加俘虏。

讽刺的是，圣玛丽的之后一项合规、"合法"的行当，险些让海盗覆灭。

奴隶贸易在马达加斯加并不新鲜。从中世纪以来，阿拉伯商人就利用当地内战来获取俘虏。尽管如此，在欧洲人现身印度洋的初期，马达加斯加各港口的定位主要不是出售奴隶，而是为好望角往来船只提供物资和人员补给。渐渐地，马达加斯加在欧洲有了异域海岛天堂的名声；宣传册盛赞当地土壤肥沃、气候优良，英法政府都出资试图在此建立殖民地，分别是东南部的多凡堡（Fort Dauphin，1643—1674 年）[①] 和西南部的圣奥古斯丁湾（St. Augustine Bay，1644—1646 年）。两者都失败了。荷兰人在安通吉尔湾建立站点的企图同样折戟。事实上，关于这一时期的一大谜团就是，虽然马达加斯加有着悦纳印度洋各

---

① 今陶拉纳鲁（Taolagnaro）。——编者注

地（不仅是东非，还有波斯湾、斯里兰卡、苏门答腊等地）来的商人、移民和难民的悠久历史，但欧洲移民几乎完全无法在此立足。[6]

一定程度上，这是因为有意移民到此地的欧洲人事实上开始涉足奴隶贸易，这意味着要与马达加斯加社会中最暴力、最招人恨的成分，也就是匪徒或者说未来的战士王公结盟。但这不足以完全解释情况，因为许多阿拉伯商人做了同样的事，而且成功得多。另一个原因是，马达加斯加人已经对外国人应有的举止形成了一套期许，而欧洲人既无意愿，也无能力去遵守。就此而言，马达加斯加东西海岸发展出的传统有所不同。西海岸贸易由阿拉伯和斯瓦希里商人主导，人称"海民"（Antalaotra），他们建立了自己的港口城镇，并与故乡保持着联系。他们倾向于内部通婚，但会与马达加斯加王公建立紧密的盟友关系，为其提供华贵的奢侈品和武器，换取热带物产和奴隶。东海岸的情况大异其趣。那里的外国人似乎主要是来自印度洋各地的政治和宗教难民，他们与当地人通婚，构成了新精英群体的核心：有时是新的王朝或贵族，有时是巫师、疗愈师和知识分子——有时集这些身份于一体。

16世纪和17世纪的欧洲移民两条路都没走。他们既不联合马达加斯加权贵，建立独立的飞地，也不愿意通婚，彻底加入复杂的贵族政治游戏。从前一种情况来看，欧洲商人（尤其是在初期）实在无力向马达加斯加盟友豪掷东方奢侈品，因为他们其实并不掌握获取东方奢侈品的渠道；他们大体上仍然是古老印度洋贸易世界的闯入者，本国物产也被认为配不上国王的身份。唯一的例外是火器，但这只是进一步强化了马达加斯加人对欧洲人的印象，那就是暴力的野蛮人。随着时间推移，荷兰和英法两国人先后取代"海民"，成为博伊纳（Boina）和梅纳贝（Menabe）的萨卡拉瓦人（Sakalava）国王的赞助人，但他们主要是凭借火力优势强行挤进了原有的丝绸、瓷器和奢侈品贸易网络。换句话说，他们与海盗并无分别，当然，几乎所有当地人就是这么看待他们的。对当地人来说，海盗、奴隶贩子、殖民者与"合法商人"的区别只是一大堆异域的法律细节，而它们对欧洲船只上出现的人实际会做什么并无有效影响。罗雄神父（Abbé Rochon）写道，途经该岛的欧洲船只

> 不止一次强夺物资，气势汹汹地不期而至，烧毁他们的村庄，一旦他们提供牛、鸡、米不及时，就会拿出大炮恐吓。经历过这样的暴行后，岛民看见欧洲船只就感到害怕，觉得大祸临头，这也就能理解了。[7]

与此同时，欧洲人的种族主义让尝试第二条策略的殖民者也不可能完全融入马达加斯加社会。在这一方面，法属多凡堡殖民地的最终命运最能说明问题。大多数总督明智地选择与当地的重要家族联姻，大多数殖民者——几乎全是男性——娶了马达加斯加妻子，没过多久就有了家庭。然而，这将他们卷入了地方政治，引发的行为让一些法国观察者都用"残忍暴行"

来形容。[8]不久，周边人群就对他们满怀敌意，只有马达加斯加亲族在庇护他们。然而，法国女人刚一现身，他们就马上抛弃了亲族，造成了灾难性的后果：

> 1674年，殖民地的末日到来了。当时有一艘驶往波旁岛（今留尼汪岛）的船在港口失事，船上全是年轻女子。她们说服总督将自己许配给殖民者；殖民者的马达加斯加妻子们将消息透露给了马达加斯加势力，后者在婚礼上屠杀了大约100名殖民者。幸存者用长钉封死了火炮，焚毁了物资，然后迅速乘船离开。[9]

考虑到这段不幸的历史，要说海盗比之前的欧洲殖民者更善于争取马达加斯加邻居的接纳，那或许也没多了不起。但这也表明，海盗相比于同胞们有几个方面的实际优势。首先，海盗确实有东方奢侈品的渠道，可以用来取悦当地盟友，而且能提供的数量往往相当可观。其次，他们已经彻底摒弃了祖国的社会和政治秩序，没有理由不完全融入当地社会。没过多久，外国观察者就开始报告称，圣玛丽港的马达加斯加女子"身穿用华美至极的印度料子制成的金银刺绣裙装，戴金链子、金手镯，甚至还有价值不菲的钻石"。[10]鲍德里奇本人娶了当地妻子，似乎还生了不少孩子。许多海盗似乎都安家落户，成了事实上的马达加斯加人——或者更确切地说，扮演起了半马达加斯加外国人的传统角色，或可称之为"外来的内部人"，他们能够与外国商人斡旋，在这一片沿海有人脉。

然而，这并不完全是一条坦途，从鲍德里奇本人的命运便可见一斑。因为他在圣玛丽的经营至少是半合法活动——在17世纪90年代的大部分时间里，尚无法律禁止与不法分子贸易——所以他受到了来自故乡的一些压力，之前正是这种压力引发了欧洲商人的一部分恶劣行为。按照他后来的自述，他在岛上修建了一座要塞，为那些逃离本岛上常见的小规模地方战争、袭掠和反袭掠的人提供一处避难所；接着，他在避难者的帮助下自己组织袭掠，抓俘虏来交换被俘的亲属。当然，在这个过程中，一部分俘虏会被卖给定期从曼哈顿过来的商船。但是，俘虏的数量似乎永远无法满足远在纽约的菲利普斯。鲍德里奇与老板的往来信件有一部分保存了下来，里面充斥着对他设法供应的奴隶数量少、质量差的气愤抱怨。

尽管责骂无休无止，但大量马达加斯加奴隶确实被送到了纽约市。这里让读者感受一下数量有多少：迟至1741年，纽约当局揭露了一个他们认为正谋划在该城起义的革命团体网络，结果发现成员是通过语言组织起来的——主要是讲西非诸语（芳蒂语［Fante］、帕帕语［Papa］、伊博语［Igbo］）的人、讲爱尔兰语的人，还有讲马达加斯加语的人。[11]

当菲利普斯得知毛里求斯和留尼汪岛正在建设甘蔗种植园，为奴隶贸易提供了现成的近便市场时，他进一步加大了压力。鲍德里奇有什么把柄捏在他手里尚不明确，但肯定非同小可，因为到了1697年，这位老海盗竟做出了自取灭亡的背叛之举：他引诱数十名马达加斯加盟友，"男子、女子和孩童"上了一艘商船，把他们锁起来运到了大西洋彼岸。①消息传开后，当地部族首领们似乎做出了决断，认为海盗已经耗尽了他们的善意。几个月后，圣玛丽岛和本岛上的海盗据点遭到了协调一致的袭击。圣玛丽岛上的要塞被毁，约有30名海盗惨遭割喉，只有屈指可数的人设法逃到了海上。本岛上的海盗似乎更轻易地摆脱了困境，挡住了袭击者（那些人也可能只是想要向海盗发出警告）：有些情况下，海盗可能收到了通风报信——在主要港口城市安布纳乌（后来的富尔波因特）似乎就是如此——因为他们的马达加斯加盟友愿意保护他们。12

　　鲍德里奇运气不错。袭击发生的时候，他正在坐船去毛里求斯的途中。得知情况后，他立即启程前往美国。6个月后，一位名叫爱德华·韦尔奇（Edward Welch）的贸易代理人取代了他。不久之后，韦尔奇再次开始报告称岛上城镇繁荣发展，有几百名冒险家。然而，要塞再也没有被重建。以圣玛丽岛为起点的奴隶贸易终止了。赃物交易也变得更难了：由于埃弗里和后来的基德船长（Captain Kidd，他之前也以圣玛丽岛为基地）的国际恶名，伦敦和纽约当局终于决定采取更果断的行动。为

①　"原住民起义和海盗死亡是由鲍德里奇造成的。他用一艘或多艘船运走了大量圣玛丽岛本地的男子、女子和孩童，把他们卖到法属马斯克林岛（Mascarene），又名马斯卡龙岛（Mascaron）为奴。为了报复鲍德里奇的背叛，岛民割断了海盗们的喉咙"（威廉·基德［William Kidd］1699年5月5日的证词，引自詹梅森编《殖民时期的私掠与海盗》［*Privateering and Piracy in the Colonial Period*］，第187页）。

罪犯提供物资被定性为非法活动，两国还发起了一场基本属于象征性的惩戒远征（一个海盗都没抓到）。到了这个时候，大部分海盗都生活在本岛上，他们与马达加斯加东道主的关系似乎也发生了变化。[13]

真实的利博塔利亚之一：安布纳乌

1697年，海盗移民蒙受了与先前所有有意移居该岛的欧洲人几乎同样的命运。只有本岛上的移民靠着与马达加斯加邻居的良好关系才得以幸存下来。对待奴隶贩子的态度发生了极具戏剧性的变化。圣玛丽岛对岸的海盗最终不仅没有参与奴隶贸易，反而有效保护了海岸，使其免受奴隶贸易影响：因为袭击或秘密夺取贩奴船——往往是在船员的默许之下，他们由此也变作海盗——成为海盗获取新船只的首要途径。由于这种情况，再加上对更多起义的恐惧，海盗对待冲突的态度似乎发生了显著变化。鲍德里奇之流依赖当地的动乱（俘虏由此产生）来发迹，以挑唆争斗而臭名昭著，但根据约翰逊船长的一些信源，海盗逐渐意识到，相反的做法才最符合自身利益。

在约翰逊的《海盗通史》中，起义之后的这个时期的主人公名叫纳撒尼尔·诺思（Nathaniel North）。诺思是百慕大人，曾被强征加入皇家海军，后来逃走，1698年落草。他总被描绘为一个迫不得已的海盗，有着异乎寻常的良知。经历了一系列冒险和遇险之后，他掌握了一艘更名为"反抗号"（*Defiance*）

的被俘印度船，船上装备有 52 门炮。船在多凡堡丢了船锚，最终在 1703 年圣诞节那天漂进了一处名叫安布纳乌的海湾。这里似乎是个有一定地位的马达加斯加城镇，因为多名海盗提到这里是一处可以购买大米和其他物资的停靠点，而且之前已经有海盗尝试过在此定居，尽管最后还是放弃了。[①]诺思似乎认定在此定居是个好主意，值得再试一次。"反抗号"原先的印度船员还有十来个留在船上。一天晚上，趁船上无人把守，诺思告诉那些印度船员，这是他们夺船开回老家的天赐良机。他们照做了。第二天，当诺思的人发现情况时，诺思斥责他们粗心大意，而他们心态挺好，没当回事，决定等到圣诞节狂欢过后再看怎样处理最好。关键的是，他们决定在陆地上保持原有的组织形式，选举诺思为定居点的"船长"。于是，按照约翰逊的说法：

> 他们努力平复心情，因为无处可以求援；他们将自己
> 的货物搬到了附近的不同地点，定居下来，购买了牛和奴

---

① 更重要的是，这是他们提到的除圣玛丽以外的当地唯一城镇：所以，鲍德里奇才提到 1690 年第一次带他来圣玛丽的船停靠在"马达加斯加沿岸距离圣玛丽 16 里格（英美制长度单位，1 里格约为 4.8 公里。——编者注）的波诺沃罗（Bonnovolo）"买米（收录于福克斯，《海盗自述》[Fox, *Pirates in Their Own Words*]，第 345 页）；另一位名叫巴雷特的海盗供认，他的船员 1697 年夺取了一艘摩尔船并将其留在圣玛丽，之后他就去"马达加斯加一个叫波诺沃罗的地方继续生活，直到 1698 年 4 月"（同上，第 70 页）。因此，早在海盗到来之前，安布纳乌已经是一座重要的贸易港口了，而且至少 1697 年之前就有海盗定居，尽管很快就被废弃，直到 1703 年复兴为止。这一切都支持（虽然未必证实）了一个观点，即这座城镇在 1697 年挡住了起义，后来它被叫作富尔波因特。

隶，像邻居一样共同生活了5年；他们清理出大片土地，种植了山药、马铃薯等作物。

周围的原住民经常互相争斗，但海盗们会出手干预，努力调和分歧；诺思经常判决纠纷，断案一贯不偏不倚，严守公正（所有人都认可他的优秀品德），就连被驱逐的一方也觉得理由充分，判决公正，心满意足。

接下来这段话无疑是浪漫化的夸大，但并非不合情理。各种客居的外国人都会被频繁要求调解当地争端，而关于友善海盗的描述也基于历史事实——因为正如外界人士经常观察到的，海盗尽管身上总是带着武器，也经常喝醉酒，但几乎从来不会内讧：

海盗表现出爱好和平的倾向，立下了友善生活的榜样；他们小心地避免一切争斗，而且内部一有不满的事端出现，他们就会到诺思和12名同伴面前平和陈词，这使他们给原住民留下了很好的印象，而原住民先前对白人是有极大偏见的。他们在维护内部和谐方面特别较真，只要有人说话语气冲或者带火气，所有同伴都会斥责他，尤其是有当地人在场的情况下，哪怕那是他们自己的奴隶；因为他们觉得，团结协和是保障自身安全的唯一途径，这是非常正确的；对那些随时准备借着最微末的事端互相发起争斗的人来说，他们一旦发现白人内部有任何分歧，无疑就可以乘虚而入，只待良机出现便可将其杀掉。

换句话说，他们不仅以当地纠纷的中立调解人的身份自立，也严格避免内部表现出争斗，以免马达加斯加人利用他们的内斗，就像鲍德里奇利用马达加斯加人的内斗一样。作者（约翰逊，很有可能就是丹尼尔·笛福）详细讲述了由此产生的即兴政府：

> 一旦出现争执口角，或者同伴之间举止不当，他们就会全体散开，其中一个人将面前摆的酒泼在地上，说，凡内斗必有损伤；因此，他将这酒献给恶魔，以防止更严重的损失。随后，争执双方会受到传唤，第二天早晨要到诺思船长面前陈情，违者将被逐出团体，送去岛上的另一片区域。与此同时，他们还被命令留在各自的家中。
>
> 次日上午，双方会面，全体白人都要出席，船长让原告和被告坐在一边，并告诉他们，除非侵犯者同意伏法，受害者忘记怨仇，否则所有人都会将两人视为公敌，而非朋友与同伴。接下来，他会将所有参会者的名字写在纸条上，卷起来，放进一顶帽子里面，原告、被告分别从中摇出 6 张票；这 12 张票上就是陪审员的名字，他们会与船长一起听取案情，做出判决，传唤并询问证人。

这一切都是在严格保密下进行的，以免马达加斯加人意识到出现了纠纷。根据记述，案件会在第二天判决，惩罚手段总是缴纳罚金：基本上就是重新分配海盗们各自存有的财宝。

　　向魔鬼献祭的做法也许是为了耸人听闻而编造的，作者（一如既往地）试图挑衅他的资产阶级读者们，暗示就连最坏的罪犯也会做出比他们更好的行为。但我们之后会看到，这也可能是对同一地区马达加斯加人仪式的准确描述。[①]

　　接下来，约翰逊描述了安布纳乌如何发展成了一处类似于圣玛丽岛的重要海盗基地；诺思及其手下如何与附近的马达加斯加"部落"，还有岛上更北边和更南边的君主结盟；他们如何卷入了各种地方冲突；诺思怎样结婚并生了三个马达加斯加子女。在1707年短暂重操抢劫旧业之后，诺思彻底金盆洗手，尽管他最后——可能是在1712年前后，没有人能够确定——还是被杀死在了自己的床上，杀他的是一伙为旧日冲突复仇的马达加斯加人。

　　这些细节大多只出自《海盗通史》和当时的其他通俗读物。至于文本中提到的各路马达加斯加势力到底是什么人，还有如何将这些事件整合到马达加斯加的整体历史中，马达加斯加历史学者的著述少得惊人。我们甚至不能绝对确定安布纳乌的位置；但既然文献中说它位于圣玛丽岛以南约30英里[②]外，而且是一个长期的大型定居点，那几乎可以肯定它要么是后

---

① 尽管后文中写道，他更希望自己的子女接受基督徒教育（《海盗通史》，第555页）。

② 英美制长度单位，1英里约为1.6公里。——编者注

来的费努阿里武，要么就是富尔波因特。莫莱-索瓦热（Molet-Sauvaget）[14]以有力的论证认为是后者。[①]但不难看出，海盗以和平调解人为主的新角色，将财富和华服与社会正义感相结合，这或许助推了本就围绕着埃弗里传开的乌托邦幻想。在约翰逊的叙事中，周边邻居将海盗作为王公对待。但事实上，他们似乎一直在努力将最初从船上发展起来的民主制度转化为可以在陆上实践的形式。如后所述，我们有理由相信，他们的榜样确实影响了马达加斯加邻居。

其他冒牌国王：约翰·普兰廷

　　关于海盗进入马达加斯加的历史不可能写得确切了。资料稀缺，只有当时面向大众读者撰写的故事，还有几份法庭文件，包括后来在英美被捕的海盗的供述，内容通常言简意赅。如果同一件事存在多份记述，文献之间往往会有矛盾。通俗故事常常耸人听闻——但这并不意味着情节就不属实，因为有几件耸人听闻的事情确实发生过。对马达加斯加一方的研究

---

① 　莫莱-索瓦热表示，海盗们说城镇位于"安布纳乌角"（Ambonavola Point），后来演变成"布纳乌角"（Bonavola Point），后来又谐音演变成"弗斯角"（Fool's Point，字面意义是"傻瓜角"）。当商贸语言变成法语后，拼法又改成了"Foulpointe"（即富尔波因特）。相反观点参见阿利伯特的《大岛马达加斯加史》（Allibert, *Histoire de la Grande Isle Madagascar*），第471页，注释11。我要指出的是，如果阿利伯特是正确的，安布纳乌不是富尔波因特，而是附近的费努阿里武，那么我的论证也不会受到大的影响。

少得惊人。于是，我们拥有的不过是对奇闻逸事的一系列窥豹之管。

尽管如此，基本事实并无疑义。直到1722年前后英法政府开始严肃打击抢劫之前，马达加斯加一直是"海盗路线"上的一站。有些海盗只是路过此地，去往留尼汪岛退隐，在那里，海盗给总督一部分赃款就能获得宽大处理。有些海盗成了萨卡拉瓦国王的顾问，还有些成了亚伯拉罕·塞缪尔（Abraham Samuel）的助手。塞缪尔是个海盗，通过在当地的运作，短暂登上了废弃法属殖民地多凡堡附近的前马蒂塔纳王国（Matitana Kingdom）的王位。但是，大多数选择留下的人更青睐待在东北地区，要么像诺思一样自建定居点，要么随马达加斯加亲眷一起移居内陆。

在建立海盗社区的人里面，有的确实称了王，提出宏大的领土主张，有时自称君临全岛，把自己的老婆说成当地的公主。如今最知名的一位是"咆哮湾之王"约翰·普兰廷，因为他的故事被东印度公司特派员克莱门特·唐宁大书特书。唐宁撰写的《印度战争简史》（*A Compendious History of the Indian Wars*，1737）中有一段关于马达加斯加的长篇插叙。唐宁在1722年遇到了普兰廷。在他笔下，当时的普兰廷是个张牙舞爪的家伙，马裤里插着两把手枪，粗衣烂衫地在海滩上迎接他：

普兰廷、詹姆斯·阿代尔（James Adair）和丹麦人汉斯·布尔根（Hans Burgen）在咆哮湾修建了坚固的防御工事，并掌握了一大片土地。普兰廷是他们中最有钱的一个，自称"咆哮湾之王"，当地人经常唱颂扬普兰廷的歌曲。他让大批居民臣服于自己，统治看上去颇为专横；尽管他为了叫士兵满意，付给他们很多钱……

普兰廷府邸在当地条件所能允许的范围之内极尽宽敞；为了气派和消遣，他有大量妻妾仆役，管得她们服服帖帖；他给她们取了英国名字，唤作莫尔、凯特、苏或佩格。这些女人身穿最华丽的绸缎，有的还戴着钻石项链。他经常从自己的地盘去圣玛丽岛，还开始修缮埃弗里船长留下的部分工事。[15]

普兰廷在马达加斯加自立的时候，正值亨利·埃弗里的故事传得最盛之际。虚构海盗政府的使节们辗转于欧洲各国宫廷之间寻求盟友。因此，这里便有了"埃弗里的工事"的说法，而那其实是亚当·鲍德里奇在圣玛丽港修建，后又于1697年毁于起义的旧要塞。普兰廷似乎竭尽所能地利用埃弗里的传说。[①]

---

① 普兰廷至少是真实存在的人物（见1720年曾与其会面的理查德·莫尔[Richard Moor]的证词，收录于福克斯的《海盗自述》，第212页）；就亲眼所见的情况来说，唐宁的记述大体上还算可信，尽管并非尽善尽美（里索，《海盗的跨文化认知》[Risso, "Cross-Cultural Perceptions of Piracy"]）。德尚（《马达加斯加海盗》[Les pirates à Madagascar]，第175页）提到，普兰廷可能被村民献予称号"庞加卡"（mpanjaka），这个词几乎可以指代任何有管理权的人，他也真的想象自己是国王。一种更合理的解读是，他最初是想震慑唐宁准将，毕竟唐宁的任务是消灭海盗。他后来发现唐宁完全相信自己讲的大话，于是想试试看自己能从多么荒谬的谎言中全身而退。

尽管唐宁的描述表面上可信，但几乎所有情节都是用道听途说拼凑起来的，专门为了刺激好骗的外国人。（唐宁故事中最精彩的细节之一是马达加斯加人大合唱，齐声颂扬普兰廷的征服大业——"几乎每段歌词的结尾都高呼，咆哮湾之王普兰廷；他似乎对此非常满意，身姿俊美的原住民跳的舞蹈也让他满意。"[16] 因为唐宁不懂马达加斯加语，所以我们当然无从得知歌词到底是什么。）

唐宁还记述了自己如何会见了普兰廷手下的马达加斯加人部队指挥官。他称此人为"穆拉托人汤姆"（Mulatto Tom），或者直接就是"小埃弗里船长"，因为他自称是那位传奇海盗的亲儿子：

> 众人十分害怕这个穆拉托人汤姆，怕到看见他就要发抖。他们常常想让他称王，但他向来不从。他身材高大，肢体匀称，面容和蔼……他长着一头类似马拉巴尔或孟加拉印度人的黑长发；让我想到他或许是埃弗里船长的儿子，船长曾在那艘载有莫卧儿大帝女儿的船上掳走了一些印度女人。这是很有可能的；因为他说记不得自己的母亲了……后来才知道，他还是个婴儿的时候，她就死了。[17]

还是那句话，因为埃弗里其实根本没有将印度公主带回马达加斯加，所以这只能是纯粹的臆想；但东道主们似乎拿唐宁好好取乐了一番，互相比着看谁能让这个天真的英国人听信最多。唐宁忠实记录了他们告知的一切，说普兰廷拒绝与萨卡拉瓦国王托阿卡夫（Toakafo，"海盗们称他为长丁丁，或者丁丁国王［Long Dick，or King Dick］"）[18]的孙女联姻，于是双方开战；这又进一步引发了复杂的、越发不可思议的战役，普兰廷的军队纵横马达加斯加岛，左军打苏格兰旗帜，右军打丹麦旗帜；经过血战、奇谋与惨烈的处决，他们最终夺取了马赛拉齐港（Masselage）、圣奥古斯丁港、多凡堡及其间的所有要地。至此，普兰廷统治了马达加斯加全岛。

事实上，唐宁写到末尾的时候，甚至基本推翻了他自己最初的记述，因为他指出，普兰廷得胜后确实与丁丁国王的孙女定下终身，她依循英国人父亲的姓氏得名埃莉诺·布朗（Eleanor Brown）。她是一位虔诚的基督徒，深得普兰廷宠爱，尽管两人结婚的时候，她肚子里正怀着另一个男人的孩子。普兰廷没有像对妻妾仆役那样对她颐指气使，而是

　　　　让她全权负责家庭事务，开除了他的其他几个女人……他给她戴上他手里最华贵的珠宝和钻石，还让20个年轻女奴服侍她。这位女子与克里斯托弗·莱尔先生（Mr. Christopher Lisle）会很般配；为此，普兰廷将莱尔当场射杀。[19]

故事的结尾又是一段水手流言，是作者多年后获知的。我们稍加推敲就能明白实情应该是怎样的。在普兰廷自称"马达

加斯加大王"，将大量俘虏卖给过往的英国船只之后，他意识到自己的地位和鲍德里奇一样岌岌可危，或许他收到了汤姆"将军"的警告，说他可能很快会面临同样的命运，于是他带着妻子儿女离开咆哮湾，到印度寻找更好的前途去了。

一些年代问题

唐宁对约翰·普兰廷最出奇的一条记载是两人会面的年份：1722年。他描述的"穆拉托人汤姆"显然就是拉齐米拉荷。拉齐米拉荷确实是英国海盗之子，外国人叫他"汤姆·齐米拉荷"，或者直呼"汤姆"。海盗与马达加斯加人生下的孩子在当时被称为"马拉塔人"（Malata），源于英语单词"穆拉托人"（mulatto）①。因此，"穆拉托人汤姆"不太可能是别人。但这样一来，他和普兰廷向唐宁讲的故事就更有恶作剧意味了，因为到了1722年，东北海岸真正的王者肯定是拉齐米拉荷，而不是那个海盗。

根据目前的历史通说，在1712年至1720年的马达加斯加岛东北部，两大敌对联邦之间战火连绵，一方是拉齐米拉荷统率的贝齐米萨拉卡联邦，另一方是齐考阿（Tsikoa）或称贝塔尼梅纳（Betanimena）联邦，统帅是军事领袖拉曼加诺

---

① 意即"黑白混血儿"，源自西班牙语或葡萄牙语词mulato，最初用于指代欧洲人与非洲黑人的后代。——编者注

（Ramangano），他控制了沿海的多个港口。[①]战争的高潮是贝齐米萨拉卡一方大获全胜。但这如果属实，那么当拉齐米拉荷会见唐宁的时候，他已经无可争议地统治东北海岸两年了，并且出于某种原因（可能仅仅为了寻开心）决定装作一位牙买加冒险者手下的将军。

什么样的国王会假装成区区一位将军？

我们对拉齐米拉荷生平的主要资料来源是法国人尼古拉·马耶尔1806年写的一篇文章。1762年至1767年间，他曾在当时贝齐米萨拉卡王国的都城塔马塔夫生活，寻访过国王的老伙计们，文章就是以这些谈话为基础的。[20]尽管他对拉齐米拉荷生平的记述高度浪漫化，但文章颇长，内容详尽，而且已经成为马达加斯加这一时期标准历史叙事的基础，这也可以理解。但是，这个标准叙述与唐宁等人同时代的记述很难相容。

甚至从马耶尔的研究缘起中，我们也能窥见这个地区处在怎样一个颠三倒四、充斥着帝国主义主张的哈哈镜世界——事实上，一个世纪过去后，该地区的情况依然如故。马耶尔是一位法国奴隶贩子和冒险家，他在马达加斯加长大，说一口流利的马达加斯加语。在研究拉齐米拉荷的时候，他正受雇担任波兰贵族拜纽夫斯基伯爵莫里斯－奥古斯特（Maurice-Auguste, Count de Benyowsky）的间谍。那位伯爵从西伯利亚的监狱逃

---

① 上述年份最初由尼古拉·马耶尔在《拉齐米拉荷生平》一文中提出，格朗迪迪埃（Grandidier）在《马达加斯加居民》（*Les habitants de Madagascar*，第184页，注释2）中对此予以肯定。

到了法国，说服路易十五让自己负责征服马达加斯加的大业。
拜纽夫斯基伯爵将大本营设在安通吉尔湾的一座村庄（他将其
更名为"路易维尔"［Louisville］），离兰塔贝（Rantabe）不
远。他定期给宫里写信，从法国获取行动所需的物资。例如，
他在1774年9月汇报称，他仅用160名现役士兵，就控制了一
个有32个省份、疆域几乎覆盖全岛的王国，征收贡赋近400万
法郎。[21]无须多言，这些报告纯粹是异想天开。我们掌握的证据
显示，拜纽夫斯基其实根本不是波兰伯爵，而是个匈牙利骗子。
他利用法国送来的物资买通周边村民，让他们假装他是国王，
然后他把大部分时间都用来满世界宣扬自己是马达加斯加国王。
（例如，1777年他经常在巴黎找本杰明·富兰克林下象棋；1779
年，他到了美国，表示愿意让他的王国为独立战争效力。）

　　问题在于，因为拜纽夫斯基对马达加斯加的实际情况几乎
一无所知，所以他经常受到王室当局的怀疑。当局至少派出了
一次调查团，尽管"伯爵"似乎利用人脉把调查结果压了下
去。为了让汇报显得更真实，拜纽夫斯基开始出钱让当时正在
搞奴隶贸易的马耶尔撰写关于岛屿各地政治局势的详细报告。[22]
马耶尔照做了，他的大量旅行见闻留存了下来，为当时的情况
提供了宝贵的历史洞见。因此，第一份真正的关于马达加斯加
的民族志其实出自一名探子之手，目的是让一个骗子更好地编
造子虚乌有的功业。受雇于拜纽夫斯基期间，马耶尔迷上了贝
齐米萨拉卡联邦的起源故事，还有拉齐米拉荷的英雄事迹。凡
是能找到的1712年至1720年战争的在世目击者，他似乎都访

谈了一个遍，包括国王早期的一些亲密战友。他后来在留尼汪岛过退休生活，1806年前后，一个颇具学究气的当地人弗罗贝维尔（Froberville）说服他以手稿形式写下研究成果，题为"贝齐米萨拉卡与富尔波因特之王拉齐米拉荷传"（Histoire de Ratsimila-hoe Roi de Foule-pointe et des Bétsimiçaracs）。手稿为大开本，长达120页（充斥着弗罗贝维尔本人的学术脚注），记述了拉齐米拉荷的生平。

手稿始终未出版；在之前一个世纪里，大多数学者都依赖对它的摘要。[23]尽管如此，马耶尔记述的版本已被奉为正说。根据马耶尔的说法，拉齐米拉荷之父汤姆起初想将儿子送到英国受教育，但孩子很快便思乡成疾，要求返回；于是，父亲给了他一批火枪和弹药，让他自谋生路。当时，富尔波因特周边由暴君拉曼加诺控制，此人是南方齐考阿联邦的首领。拉齐米拉荷掀起了一场起义，共24章的手稿里大部分都在记述战争的细节。这场仗持续了8年，造成成千上万人丧生。冲突过程中，拉齐米拉荷成功建立了一个新的政治实体——在马耶尔的生花妙笔下，这主要归功于他个人的聪慧与魅力——名为贝齐米萨拉卡（意思是"不分离的众人"）。1720年取得最终胜利后，联邦将整个东北部统合在一个政府之下。战争期间，拉齐米拉荷本人当选临时最高统帅，后来又成为终身国王，号为"拉马鲁马农普"（Ramaromanompo，意思是"众仆之主"）。最后，拉齐米拉荷作为开明君主统治着马达加斯加东北部全境，迎娶了萨卡拉瓦国王的一个女儿（名为玛塔维［Matavy］，意思是"胖子"），生了一位继承人（名为扎纳哈利［Zanahary］，意思是"神"）。经历了漫长而顺遂的治世之后，他于1750年去世，享年56岁。

拉齐米拉荷似乎是这座哈哈镜大厅里唯一一位真王。另外，在他统治期间，他的同胞扎纳马拉塔人逐渐成了一个有自我认同的、内部通婚的贵族阶层，这种状态至少又保持了一个世纪。但到了18世纪下半叶，在毛里求斯和留尼汪种植园的法国奴隶贩子的挑唆下，他们陷入了争斗。拉齐米拉荷的后人（扎纳哈利，1750年至1767年在位；伊阿维［Iavy］，1767年至1791年在位；扎卡沃拉［Zakavola］，1791年至1803年在位）没有掌控大局的能力，王国分崩离析。史学界普遍认为，拉齐米拉荷的事业最终失败了。按照一些人的看法，[24] 这是因为他没有为王国赋予适当的仪式基础，从而将它转化为成熟的马达加斯加王朝，就像萨卡拉瓦王国那样；另一些人则认为，[25] 原因在于毛里求斯和留尼汪新兴的种植园经济（在海盗时代刚刚起步）对奴隶的高需求最终压垮了王国。没过多久，腐败的首领们就炮制理由开战，甚至攻打自己治下的村庄，抓俘虏偿还欠法国奴隶贩子的债务。最后，王国变得一盘散沙，自相攻伐，1817年被拉达玛一世（Radama I）的军队轻松吞并。塔马塔夫成了梅里纳王国（Merina Kingdom）的第二大城市和首都门户，至今依然如此。贝米萨拉卡的其余部分很快呈现出殖民时代的面貌，要么由外资种植园主导，为世界市场生产丁香、香草和咖啡，要么是偏远乡村，其居民以反对一切形式的中央集权而闻名。

这些都是对马达加斯加历史的标准论述。在大多数此类著作中，海盗是一章，海盗的后代是另一章。待到拉齐米拉荷与拉曼加诺交战的时间，接力棒按理说已经到了新一代人手里。但如果我们简单捋一下时间线（见附录），就会发现传统观点不可能正确。

首先，马耶尔主张、后世史家也认可的贝齐米萨拉卡联邦的立国之战从1712年打到了1720年。果真如此的话，当时圣玛丽和安布纳乌的海盗定居点应该还很活跃。其次，很难想象海盗的后代怎么会在1712年的联邦创立中扮演了如此重大的角色，因为拉齐米拉荷本人据说当时才18岁，虽说他是奇人异士，要另当别论，但其他马拉塔人的年纪也不可能超过21岁，绝大多数肯定还是幼童，与父母一同生活在上述海盗定居点里。事实上，在马耶尔的叙述中，马拉塔人自身在事件发展中几乎没有扮演任何角色。

于是，我们讨论的政治机构是由马达加斯加政治行动者创立的，而他们与活跃的海盗联系密切。在马耶尔笔下，"白人"从未以个人形式现身，而最多只是一种鬼魅般的边缘存在。但事实上，几乎可以肯定他们至少间接参与了事件进程。

最后，同时期的外国观察者笔下的拉齐米拉荷是一个诡异的角色混合体。他据说在1712年发起了解放战争。但在战争进行中的1715年，荷兰商人报告称一位同名人士（"汤姆·齐米拉荷"［Tom Tsimilaho］）是博伊纳的萨卡拉瓦国王托阿卡夫的首相——这个国王就是普兰廷故事里的"长丁丁"。一年后，他成了安通吉尔的一名本地酋长，援助了一批从留尼汪来的遇险欧洲船员；但到了1722年，既有德拉加莱西埃（de la Galaisière）声称他是整个东北部的王，又有克莱门特·唐宁撞见他装作自己只是兰塔贝的某个自封的海盗王手下的军队长官。11年后，有法国观察者得到的印象是，他仅仅是该地区众多酋长中的一位。其他人则依旧报告他确实是整个东海岸的国王。

毫无疑问，至少有一部分观察者单纯是自己搞混了；但在某些情况下，他们的马达加斯加和欧洲线人显然在尽力混淆视听。例如，1733年，受雇于法国东印度公司的工程师沙尔庞捷·德柯西尼（Charpentier de Cossigny）到安通吉尔湾执行任务，在当地遇到了一位"鲍德里奇国王"，言下之意就是那位圣玛丽著名海盗王的儿子。鲍德里奇坚称当地还有两个王，一个是"泰姆·齐马劳"（Thame Tsimalau），另一个是其他资料中都未提及的德拉雷（De La Ray）。柯西尼发现，鲍德里奇是一位顺从的同伴，而拉齐米拉荷看上去不好打交道，脾气不佳。

这要如何解释？拉齐米拉荷是否真的仅仅控制了这片领地的一部分？还是说鲍德里奇在空口说白话，而他的自命不凡惹恼了拉齐米拉荷？（这个"鲍德里奇"当真就是亚当·鲍德里奇的后代吗？还是说，他连这一点也在撒谎？）

任何事都很难说得准，但无论如何，我们这里面对的"主权"概念与同时期亚欧大陆大部分地方熟悉的相应概念存在深刻差异。要是亨利八世或者苏莱曼大帝手下的一个省长摆出这种架子，脑袋肯定会迅速跑到托盘里。事实上，我怀疑这一切看上去之所以这么好商量，一个原因就在于这些王国全都没有多少社会根基——也就是说，顶多只能召集几百名战士，或者在紧急情况下召集几千名战士。看起来只有西边的萨卡拉瓦国王们例外，他们重塑了当地地貌，砍伐森林，将农田变作牧场，供养庞大的牛群，从而彻底改变了臣民之间的社会关系。除他们之外，当时马达加斯加的大多数"国王"都处于相互猎食的泡沫状态，华丽则华丽矣，但没有任何真正的能力去系统性干预所谓的臣民的日常生活。

当然了，世界上早就充斥着妄自尊大的小小草头王，但17世纪和18世纪马达加斯加东北部的特殊形势，使这种把戏变得特别容易。由于存在大量的海盗赃物，这些人得以展演全套的皇家级华贵戏码——黄金珠宝、妻妾后宫、众人齐舞——就算他们完全没有能力在自家聚落以外动员大量人力。例如，梅里纳或萨卡拉瓦国王可以召集境内所有世系的代表，让他们来给自己修建屋舍或坟墓，或是来参加王室典礼。我们没有理由相信鲍德里奇、诺思、普兰廷、拜纽夫斯基乃至拉齐米拉荷能做到任何这类事情，甚至没理由相信他们真的想这样做。显然，没有证据表明，哪怕是巅峰时刻的拉齐米拉荷曾统治过任何哪怕跟我们印象中有一点沾边的"国家"。

然而，拉齐米拉荷的案例与其他所有案例有一个重大区别。贝齐米萨拉卡联邦的崛起确实以深刻的方式影响了更广大的社会——只不过，方向与我们想象中建立王国会产生的影响几乎截然相反。17世纪末海盗来到马达加斯加时，他们遇到的那个社会内斗不止，由一个非常类似于祭司种姓的群体主宰，还有一个新兴的战士精英阶层已经开始形成等级制度。这个社会有集体主义的成分，但实在不能在任何意义上被称作平等主义的。相比之下，拉齐米拉荷治下的社会似乎在很多方面都比之前更加平等。

　　海盗的到来引发了连锁反应——首先是马达加斯加女性的商业自立，然后是年轻男子相应的政治反扑，拉齐米拉荷实际上成了这场政治反扑中的傀儡领袖，最终建立了今天的贝齐米萨拉卡社会。接下来，就让我们转向马达加斯加人的视角来加以考察。

第二章

马达加斯加人视角下的海盗到来

一场反对亚伯拉罕子嗣的性革命？

> 一个生活在印度群岛某岛屿上的女法师救了一个海盗
> 的命，那男人性情凶暴，但品格高尚。
>
> ——玛丽·雪莱对亡夫遗稿的批注

尽管海盗以马达加斯加为基地出发去红海和印度洋劫掠，最远至少到了马六甲，但许多个世纪之前，就有人从相反的方向迁入了。尤其是在中世纪，马达加斯加东海岸周期性地迎来新的移民潮。移民大多自称源出穆斯林，将自身确立为仪式、商业或政治贵族，或常常三者兼具。以东南部的扎菲拉米尼亚人（Zafiraminia）为例，他们的祖先似乎来自爪哇岛或苏门答腊岛，他们的权力一定程度上基于掌握了以阿拉伯阴历为基础的占星体系，外加垄断了宰牛活动。这既保障了他们对所有重大仪式的监管权，也让他们得以支配新兴的牛肉贸易，供应给至少从16世纪就开始停靠马达加斯加的商船。据保罗·奥蒂诺（Paul Ottino）[1]论证（有些地方很有说服力），拉米尼亚人最初是有神秘主义倾向的什叶派难民——据说，他们的同名祖先由神从海浪泡沫中创造出来，娶了先知的姐妹法蒂玛。最早的葡萄牙观察者觉得他们宏大的宇宙观太过怪异，犹豫要不要称他们为穆斯林。1509年至1513年间，这些葡萄牙人注意到了一波新的东非逊尼派移民潮登陆了该地区，他们建立了敌对的安泰莫罗王国（Antemoro Kingdom），打算消灭异端拉米尼亚人。随着时间推移，安泰莫罗人成功将自己确立为马达加斯加真正的知识分子和天文学家，将知识保存在使用阿拉伯语字母的苏拉贝文（Sorabe）①书籍中；拉米尼亚人则被打散，最终成为一系列南方王朝的祖先，其中最重要的一支是建立了博伊纳和梅纳贝的萨卡拉瓦王国的扎菲波拉梅纳（Zafimbolamena）家族。[2]

关于这些移民活动的探讨和争论数不胜数，但一个较少有人关注的事实是，各路新来者秉持父权制思想，而他们的马达加斯加臣民和邻居的性观念相对宽松，两者之间似乎冲突不断。例如，安泰莫罗人的史书中抱怨原住民们通过女性来追溯血脉，②而安泰莫罗人消灭扎菲拉米尼亚人的策略之一正是杀害成年男子，将被俘的女性隔离关押，确保她们生出虔诚的孩子。[3]甚至直到19世纪，安泰莫罗人还是以坚持婚前守贞而闻名，即便在其周围更广大的人群中，男女青少年的性自由都被认为是理所当然的。安泰莫罗女孩若未婚先孕，且不能证明孩子的父亲

---

① 苏拉贝文是基于阿拉伯字母的马达加斯加语拼写系统，用于转录马达加斯加语和安泰莫罗方言，最早可追溯到15世纪。——编者注
② 他们指的大概不是母系继嗣，而是并系继嗣。

是血统清白的穆斯林，都会被处以溺刑或石刑。[4]相比之下，男孩则可以随心所欲。根据当地传统，正是这些性禁忌激怒了人民，并直接引发了19世纪导致王国覆灭的起义。

保罗·奥蒂诺[5]致力于追溯马达加斯加人神话的源头，将其联系到了阿拉伯、波斯、印度和非洲哲学的不同脉络。我们常常不知到底应该如何解读这些论证，但有一点是明确的：马达加斯加经常有印度洋其他地区的人到来，不时会有新移民注入，从而确保这座岛屿绝非与世隔绝，包括岛上的思潮。与此同时，各路外来入侵者最终会融入马达加斯加的整体文化结构中，只有极少数例外。不到几代人的时间，新来者便忘记了原先的语言和大部分文化特质（例如，到了17世纪，就连安泰莫罗人也不再熟悉《古兰经》了），而是以自己的方式采纳了一套基本通行于马达加斯加全岛的标准习俗，从口述传统到水稻种植，再到复杂的割礼和葬仪。由于移民就算不全是男性，也以男性为主，所以马达加斯加女性显然在上述过程中扮演了核心角色。我们也能看到，各种移民精英企图隔离和控制女性，尤其是控制她们的性行为，借此尽可能长时间地维持自身的文化独特性，进而保住精英地位。（最终全都失败了，因为如今看来，这些群体都失去了独立地位。）

东北部也发生了类似的过程吗？是的，但有一点特殊之处。在后来演变成贝齐米萨拉卡领土的地方，当地的外来贵族不自称穆斯林，而以犹太人自居。

命运多舛的法属多凡堡殖民地总督艾蒂安·德弗拉古（Étienne

de Flacourt）在 1661 年的《大岛马达加斯加史》（*Histoire de la Grande Isle de Madagascar*）中是这样描述他们的：

> 我认为最早来到圣玛丽岛及其周边生活的人是扎菲易卜拉欣（Zafi-Ibrahim），也就是亚伯拉罕的后裔，尤其是他们有割礼的习俗，而没有一点穆罕默德信众的迹象，不熟悉穆罕默德或哈里发，还将其追随者视为异教徒（Kafir）和无法无天的人，不与他们共餐，也不和他们结盟。这些人礼拜停工的日子是星期六，而不像摩尔人那样是星期五，用的名字也不一样。因此，我相信他们的祖先是最早期的犹太人移民，来到这座岛上，要么就是巴比伦之囚以前或以色列人出埃及后留在埃及的最古老的以实玛利人的后裔：他们保存着摩西、以撒、雅各、挪亚的名字。他们中有一部分或许来自埃塞俄比亚沿海。[6]

他在另一处补充道，扎菲易卜拉欣人统治着从安通吉尔到塔马塔夫的沿海地区，而且像扎菲拉米尼亚人一样垄断了动物献祭活动；圣玛丽岛上生活着五六百名扎菲易卜拉欣人，分布在 12 座村庄里，全都由一位名叫"拉西米农之子拉伊格纳西或拉尼亚萨"（Raignasse or Raniassa the son of Rasiminon）[7]的酋长统治，众人打鱼种田的十分之一收获要献给酋长。

许多学者推测过扎菲易卜拉欣人（也称扎菲希卜拉欣 [Zafi-Hibrahim]、扎菲布拉哈 [Zafi-Boraha] 或扎菲布拉希 [Zafi-

Borahy〕——这座岛屿如今在马达加斯加语里就叫作布拉哈岛）的起源和身份。格朗迪迪埃[8]认为，他们其实是也门犹太人；费朗（Ferrand）[9]认为他们是哈瓦利吉派（Kharijite）穆斯林；奥蒂诺[10]说是卡尔马特派（Qarmatian）穆斯林，也可能是科普特派（Coptic）或聂斯托利派（Nestorian）基督徒；阿利伯特[11]提出了一种新的猜测，认为他们可能是伊斯兰教出现前的阿拉伯人的后裔，那些阿拉伯人先在埃塞俄比亚短暂停留，然后南下。一切皆有可能。尽管如此，大多数反对将扎菲易卜拉欣人视为犹太人的人认为，弗拉古是这个观点下唯一的证据来源，而这位总督纯属没搞清状况。这似乎并非真相。晚至19世纪，一位英国传教士报告称，他在更靠南的地方会见了扎菲易卜拉欣人的代表，他们坚称"我们都是犹太人"。[12]我认为在这件事上没有理由不接受他的信源的说法。

到了殖民时代，扎菲易卜拉欣人只生活在圣玛丽岛（该岛的马达加斯加语名称至今还是布拉哈岛，意思是亚伯拉罕岛），而且越来越以阿拉伯人为主要的自我认同；[①]本岛上的同族人则早就融入了贝齐米萨拉卡整体。但在弗拉古的时代，他们充当的角色似乎与南边的扎菲拉米尼亚人相同，散居在本岛，垄断牲畜屠宰（他们为之进行一种专门的祈祷，名为密沃利卡

---

① 费朗给出了有说服力的证据（《马达加斯加的穆斯林和犹太移民》〔"Les migrations musulmanes et juives à Madagascar"〕，第411—415页）。我自己在圣玛丽的报道人也确认了这一点，此人坚称他们是"阿拉伯人"。

［mivorika］^①，尽管弗拉古说，他们对自己的至高神并无其他礼拜），同时还经商，他们常驻圣玛丽的事实强有力地佐证了这一点，鉴于外国商人经常在这座岛屿停靠。

另外还可以认为，扎菲易卜拉欣人后来被贝齐米萨拉卡人同化，也确实在后者身上留下了印记。在马达加斯加的所有民族中，贝齐米萨拉卡人不仅以平等主义和反抗中央集权闻名，也是出了名地擅长哲学和宇宙学思辨。¹³这种思辨一般带有彻底的二元论色彩，气质上往往迥异于马达加斯加的其他地区。贝齐米萨拉卡神话始终强调两股对立的力量——上界神（God of Above）和下界神（God of Below）——创造了世界，尤其是人类。创世传说中讲到，地之神用木头或黏土创造了人偶和兽偶，但无法让它们活过来；天之神向它们吹入了生命之息，但最终又会将之收回，原因往往是违背承诺或者欠债不还；因此，正如常言所道，"神杀了我们"，我们的身体回归大地。^②似乎正是

————————

① 这是一个有趣的词语，因为"密沃利卡"在现代马达加斯加语里的意思是施法或蛊惑，但它在古代文献中的用法显然是"祈祷"（阿利伯特，《大岛马达加斯加史》，第470—471页）。如果这个词专指扎菲易卜拉欣人的仪式的话，那么词义很可能是在这个群体失势之后发生了改变。

② 马达加斯加的其他地方并非不存在这些主题，但纵览哈林（Haring）编撰的马达加斯加民间传说大全（《马达加斯加传说索引》［Malagasy Tale Index］），明确的模式呼之欲出。最突出的是扎托沃系列（隆巴德，《非神造的扎托沃》［Lombard, "Zatovo qui n'a pas été créé par Dieu"］；参见格雷伯，《作为创造性拒绝的文化》［Graeber, "Culture as Creative Refusal"］）。这或许是最典型的马达加斯加神话，关于一位自称并非由神创造的狂妄青年。这一传说在贝齐米萨拉卡人中间完全不存在，却以各种形式存在于岛上的几乎其他所有地方。在这些故事中，人类的生命本质上是从一位高天神那里偷来的。但在贝齐米萨拉卡人的传说中，人类的生命并不由普罗米修斯式的反叛带来，而是源于两种宇宙力量的平衡。

由于这种二元论思想的影响，早期欧洲观察者将马达加斯加东北部的居民与摩尼教徒相提并论[14]——早期旅行者记录的证据表明这种态度在过去可能要普遍得多，提供信息的马达加斯加人解释说，尽管他们承认远方有一位高高在上的神，他是终极的赐生与夺生者，但他们并不崇拜他，而是向掌管眼前厄运的大地之力祈祷和祭祀，后者总是被欧洲观察者称作"魔鬼"。在这些记述的影响下，保罗·奥蒂诺[15]提出扎菲易卜拉欣人可能是彻底的诺斯替主义者（Gnostic），或许属于卡尔马特派或其他伊斯玛仪派别。① 但这似乎不太可能，尽管他们受到某些诺斯替主义的影响并不是没有可能。

　　有一件事是明确的：鼎盛时期的扎菲易卜拉欣人——就像同样生活在东北海岸的穆斯林群体一样——因为对妻子和女儿极强的占有欲而臭名昭著。1669年，夏尔·德隆（Charles Dellon）出版了一本当地见闻录。他言之凿凿，称安通吉尔和费

---

① 奥蒂诺在此处似乎夸大其词了。他引自罗雄的那段话其实指的是穆斯林移民被马达加斯加人同化，以至于遗忘了伊斯兰教的大部分教义；马达加斯加人承认但不崇拜某位善意的至高神，而是崇拜"恶魔"，类似的说法可以在许多关于马达加斯加的记述中找到，且这样做的不仅仅是移民。例如，马耶尔这样描述一次发生在1716年前后的贝齐米萨拉卡牺牲仪式："尸体放到地上后，他献祭了五头公牛，一份献给死者，一份献给恶魔，一份献给神。其余分给参加的众人同食"（《拉齐米拉荷生平》，第210页）。同理，奥蒂诺关于卡尔马特式"共产主义"的观点（《中世纪》["Le Moyen-Age"]）可以追溯到弗拉古的一段话。弗拉古说扎菲易卜拉欣人中没有富人，也没有穷人，对待奴隶如同对待子女，还将女儿许配给奴隶（《大岛马达加斯加史》，第23页）。这似乎是弗拉古的疏漏，将东海岸人群整体的生活方式说成是东海岸仪式专家扎菲易卜拉欣人的生活方式。

内里沃（"加莱布勒"［Galamboule］）的中东移民在这方面很特别：

> 马达加斯加有一些民族结婚没有规矩：他们结婚时不会交换誓言，婚后可以随意离开对方；加莱布勒和安通吉尔地区的做法则完全不同：他们会死守自己的妻子，妻子在任何意义上都不可共享，被捉奸的人要遭处死。[16]

德隆在别处将同一批人描述为脱教的穆斯林，他们的信仰基本只剩下了不吃猪肉，还有不同于邻居的"发狂的"嫉妒心，对"浪荡子"处以死刑。[17]另一份资料说，圣玛丽的男人成群结队地袭击调戏当地妇女的荷兰水手，[18]弗拉古也证实，扎菲易卜拉欣人与其他马达加斯加人不同，他们的妻女"就像我们法国人的闺女一样很难接触，因为父母看得特别严"。[19]

与安泰莫罗人的情况一样，这无疑都是社会再生产策略的一部分，以此保持本群体"外来的内部人"的地位——从普通马达加斯加人视角看是外人，从真外国人视角看又是马达加斯加人。这种策略只有通过大量主要针对本族群女性的暴力和暴力威胁才能维持。19世纪末，他们中间依然流传着祖先最早如何来到布拉哈岛（圣玛丽岛）的神话，从中我们或许能看出扎菲易卜拉欣人感受到的被周边人口同化的危险。他们自述祖先名叫布拉哈，是一名遭遇海难的渔民，他和船员们发现自己来到了一座只有女人居住的岛屿。岛上的原住民杀死了他的同伴，但一位仁慈的老妇人将布拉哈藏在一个大箱子里面，白天不许出来，晚上才放他出去打鱼。一天晚上，他遇到了一只海豚，海豚同意驮他去安全的地方，于是带他到了布拉哈岛。[20][①]

阿尔弗雷德·格朗迪迪埃[21]发现，所有这些17世纪对与世隔绝女性的记载指的都是中东移民的后代——有些是穆斯林，有些是犹太人——事实上，这些人后来全都融入了更广大的人群。他注意到，这种描述在海盗登场的17世纪90年代前后戛然而止，而且从那之后，即使在圣玛丽岛本身，这些人的性习俗也与马达加斯加岛其他地方的无异了。与马达加斯加的其他地方一样，婚前性行为被认为是长大成人的正常步骤，婚外性行为充其量是小过失，但男女任何一方有"发狂的"嫉妒心都是严重的道德缺陷。

这是如何发生的？

显然，从长期来看，这肯定与扎菲易卜拉欣人的地位变化有关。他们原本是"外来的内部人"，这个优越的阶层地位先后被海盗和马拉塔人取代了。扎菲易卜拉欣人没有任何明显的特权需要捍卫了，也就没有任何理由去彻底冒犯邻居们的性道德了；一旦双方随意结合，群体自我认同基本上也就消散了。但这里还有一个问题，为什么海盗——毕竟，海盗故乡的性习俗明明更接近安泰莫罗人或早期的扎菲易卜拉欣人（约翰·普兰廷

---

① 我通常不信这一套，但这个神话的弗洛伊德式解读简直呼之欲出：男主人公被女儿岛的危险性行为包围，先是逃回了子宫（老妇人的箱子），然后与一个耳熟能详的男性力象征联合，从而逃脱。

情愿将妻子的潜在情人当场击毙），而非其他马达加斯加人——在这方面被认为做得更好呢？答案大概是，海盗没有多少抱怨的资格，至少从他们定居下来以后。他们或许有很多钱和财宝，但完全缺乏社会或经济资本：除了身边的同伴，他们没有盟友可以召唤，也不真正了解他们要定居的社会的习俗、标准或期望，尤其在初期。可以认为，他们完全仰赖东道主。默文·布朗（Mervyn Brown）[22]指出，但凡有海盗过于残暴，甚至只是威胁要休妻另娶，都会被在晚饭里下毒从而轻松结果性命；在这种情况下，剩余的财宝就会传给遗孀和她的家人。

结果就是经典的"异邦人–王"（Stranger-King）戏码。在许多社会，或许是大多数社会中，人们都认为远方的财宝和奇物中蕴含着人类生命力的精华，哪怕这些事物不是由神秘外乡人带来的。[23]相关论点如下：每一种社会秩序都明白，至少在某种心照不宣的层面上明白，它无法完全实现自身的再生产，总有某些关于诞生、成长、死亡、创造的根本要素超出了它的能力范围。按照定义，生命就是某种来自外界的东西。因此，人们有一种强烈的倾向，将这些外在力量与前所未见的非凡之人、前所未有的非凡之物等同起来，这些人和物同样来自外界。这一切在马达加斯加语中常常表达得很直白，因为这些存在一般被称作"扎纳哈利"或"安德里亚马尼特拉"（Andriamanitra），通常翻译过来就是"神"，但其实这是所有强大或壮观但无法解释之物的统称。[24]显然，不是任何外来物都一定会被这样看待。外来物可能最后会被归为外来的垃圾，其携带者则是危险的野蛮人。这完全取决于情境和当时的政治局势。但如果有人想要找机会从源头入手取代某个专横跋扈的仪式专家阶层，那么这是个明摆着的好方法。

所以我想说的是，就算贝齐米萨拉卡女人及其男性亲属没有像安泰莫罗人那样奋起推翻占据主导地位的"外来的内部人"阶层，其对海盗的接纳也产生了几乎相同的效果。扎菲易卜拉欣人从历史舞台上消失了。妇女从先前的性禁锢中解放了出来——当然了，性禁锢一向也是监控女性其他方方面面行为的手段。

革命是经由神话性的方式完成的。马歇尔·萨林斯记录过斐济酋长的情况。作为异邦人–王，酋长先要象征性地迎娶本地的女儿（daughters of the land），[25]然后又要被她们"象征性地毒死"。[26]在这点上，马达加斯加人似乎是来真的。

作为政治筹码的女性

乍看起来，我们手头的证据似乎并不显然支持上述解读。

例如，亚当·鲍德里奇本人后来在纽约做证人陈述，相当简短地介绍了自己第一次在圣玛丽岛停留的经历。1691年4月，他乘坐的船把他和其他几个男人留在了岛上；除了一位年轻学徒，其他人很快全都发烧了。鲍德里奇和助手马上自告奋勇，提出要帮助新邻居一起去劫掠本岛上的一些邻居。

我跟着圣玛丽岛上的黑人与他们开战……5月，我战斗归来，带回来70头牛和一些奴隶。然后我找人盖了一间房，在圣玛丽岛上安顿下来。有一大批黑人从马达加斯加岛过来找我，来圣玛丽岛定居，我平静地和他们生活在一起，帮助他们赎回自己的妻子和孩子，这些妇孺在我来圣玛丽岛之前被其他黑人带到了我们北边大约60里格外的地方。[27]

我们不清楚一开始是谁在打谁，但鲍德里奇入赘的似乎不是扎菲易卜拉欣家族，而是北边的大海湾安通吉尔一带的逃难部落。[①] 几年后，曾在圣玛丽岛生活过几周的亨利·沃森（Henry Watson）做证说，当地有"两个老海盗"，鲍德里奇和一个叫劳伦斯·约翰斯顿（Lawrence Johnston）的，后者"以向马达加斯加贩卖黑奴为幌子"为过路盗匪提供食物和弹药：

这两人都娶了当地女人，还有许多其他人都在马达加斯加结婚。他们在圣玛丽岛上建了一座有七八门炮的防御工事。他们与当地女人结婚是为了讨好乡民，他们还跟着乡民一起去和其他小国王打仗。一个英国人如果跟着一起生活的王子（the Prince with whom he lives）去打仗，就能获得一半的奴隶作为酬劳。[28]

---

① 这就能解释为什么1722年的时候，小"亚当·鲍德里奇"统治的不是圣玛丽岛，而是安通吉尔。

"一起生活的王子"这个说法似乎意义重大——在许多早期案例中，海盗移民似乎娶了头面人物的女儿，最后住到了一起，要么在圣玛丽岛，要么在本岛上。尤其是在前六七年里，当他们仍然面临为纽约和毛里求斯奴隶市场供货的压力时，他们显然利用了现成的冲突——固然有成有败——以便获取俘虏，卖到海外。

那么，外国人记述中不断提及的"国王"和"王子"都是谁呢？罗伯特·卡瓦内斯（Robert Cabanes）[29]细致研究了贝齐米萨拉卡联邦崛起前两个世纪里所有现存的关于马达加斯加岛东北部的旅行者见闻录，合理地还原了东北地区社会的实际运行方式。当时和现在一样，贝齐米萨拉卡地区的绝大部分人口生活在沿海的各处河谷，这里拥有全岛最肥沃的一部分土地。他们大致分成50个内部通婚的氏族，被称为"塔里基"（tariky），各有自己的领地，人数在600至1600不等。他们的主要作物是水稻，大多种植在轮作的林田中，地块会被定期重新分配；或者更密集地种植在湿地上，这些田往往被分配给各个世系的头人（filoha）。每个村子里都有一所大堂，所有人在里面共用午饭。每个村子里也都有各家自存自取的公用粮仓，还有一个集体粮仓，哪一家缺粮了可从中支取。这就是为什么弗拉古说他们没有贫富之分。

话虽如此，这个社会绝非平等。尽管人人都能获取生活资料，但在生产资料方面并非人人平等。就像村里的头人有多名妻子一样，每个氏族也都有一个支配世系，其首领称"大头人"

（filohabe），该世系中的女孩有一大部分被留在了内部（或是内部通婚，或是让其他世系的男子入赘）。

话虽如此，这些核心世系某种程度上有点像果冻垒起来的屋子，总是处在分崩离析的边缘。通过与核心世系中的女儿通婚从而依附于它们的次要世系往往会心生不满，继而分裂出去并自立门户。①自立并不难。土地从来不缺。因此，大头人面临的首要政治难题就是避免这种事情发生，这就需要持续操控唯一确实短缺的关键资源：牛。东海岸的森林地带或许土地肥沃，人口稀少，但并不特别适合饲养牲畜；然而，牛是绝对重要的东西，一是为了解决纠纷（所有纠纷都靠罚金解决，而所有罚金里都包括牛），二是为了举行对创始祖先的集体祭祀仪式（至今依然如此）[30]，三是为了向其他氏族展示财力和权力。

欧洲观察者常常将大头人称作"国王"，还说他们经常交战。一方面，这种称呼并非完全不可理喻。大头人一般住在华丽的屋舍中，屋里常常摆满了中国瓷器和中东玻璃器皿，还有妻妾仆役环绕。但卡瓦内斯认为，战争的方式确保了没有人能够将自身的地位转化为对本地的支配地位，更不用说区域性的支配地位了。[31]任何一个氏族积攒的牛要是太多了，周围的头人就会趁夜进村抢牛，或者抓俘虏（通常是妇女或儿童）换牛。局势有时会升级为预先安排好的形式化战役，两个大头人率军出战，死了一两名战士后就会结束，然后双方再进行复杂的谈

---

① 这便解释了一个表面上的矛盾：尽管氏族整体上是父系结构，但许多氏族的创始祖先是女人。

判，交换俘虏，重新分配牛只。俘虏并不是总能被全部赎回，因此有一些会作为奴隶滞留，通常是在某位头人家里，直到其家人攒够资源赎人。但即便这种情况也不会真的导致永久性的不平等，因为弗拉古[32]发现，无人赎回的奴隶最终会被收养，以婚配方式被纳入支配世系。

卡瓦内斯[33]认为，战争就这样成了一种世系制度的"社会再生产手段"。这个说法略有误导性，因为他其实并不是说战争是氏族获取婚姻、繁衍或祭祖所需资源的必要手段，而是像皮埃尔·克拉斯特（Pierre Clastres）[34]讨论亚马孙社会时那样，认为战争确保了群体保持在小规模，其领导者无法积累起真正的强制权力。这似乎是实情，就连最强的大头人其实也没有能力向自家以外的人发号施令，只有在交战时除外。集体事务决策要在"卡巴里"（kabary）大会上经过精心设计的流程寻求共识，会议范围有时是村庄，有时是氏族，在更重大的事项（比如可能发生外敌入侵，或者在海边发现欧洲船只）上甚至还会开地区性大会。用马耶尔的话说：

　　然后还有全省全族参加的大卡巴里。首领们全副武装，手持长矛盾牌。这些首领的头衔和品质、到场首领及其随从的人数之众，将令居民们永生难忘，这些居民在好奇心的驱使下来到庄严的大会，并受到激励在会上发言。大会在他们的传统中具有划时代的意义。这种大卡巴里的会场可以容纳大量群众，通常是在省份的中央，靠近最大的村落……

> 会议一般是自发性的。刚听到某个事件的消息，一个小卡巴里就形成了，并且消息会口口相传。所有人都会在好奇心的驱使下离开村庄，出门寻找并靠近交流中心，等到他们发现周围全是当地的大人物时，卡巴里就发生了。他们会自带干粮，因为谁都不知道什么时候能回村。[35]

探讨可能要持续好几天。必要情况下，会上可能会选出一名战争酋长，统领临时集结起来的氏族联军，以便处理事态。我们不禁想到，葡萄牙和荷兰船只从16世纪开始在海岸出现。为了协调向这些船只卖牛卖米，再后来是为了决定摧毁欧洲人偶尔企图建立的军事据点，当地人肯定都召开了大会。1697年一齐攻打海盗的决议，想必就是在这样的大卡巴里上做出的。

在研究马达加斯加的学术文献中，卡瓦内斯的论文被认为是一座丰碑，是理论结合历史分析的典范。这固然实至名归，不过，他显然高估了笔下社会的平等程度。首先，他完全忽视了扎菲易卜拉欣人和其他仪式专家的角色（我们之后会看到，当地还有一些扎菲拉米尼亚人和安泰莫罗人占星师和巫师）。如果照他说的，牛是世系间的"沟通媒介"[36]，那么只有特定种姓的成员才能杀牛献祭这一点必然就很重要。其次，有证据表明——例如，马耶尔手稿就写得很明白——各路头人、大头人及其战士随从确实以某种贵族自居。在关于拉齐米拉荷的手稿中，他们经常被称作"庞加卡"，也就是"国王"。口述传统也佐证了这一点，因为这一较早时期的故事几乎总是以某位"国王"功业的形式被讲述。[37]尽管氏族没有等级之分，庞加卡却有：例如，手稿有一处讲拉齐米拉荷"从一等、二等和三等庞加卡家族的年轻男子中选择"信使，[38]还经常提到拉齐米拉荷本人的母亲只是一名二等庞加卡的独生女儿。[39]我们并不确知这套等级制度的依据，但即便三个等级指的只是战争首领、氏族首领和村落首领，等级的存在本身就表明氏族内部的分化可以被转化成在氏族外也得到承认的贵族等级制。

最后——这点对本书的写作目标来说非常重要——卡瓦内斯与克拉斯特一样，强调战争倾向于削弱男人对其他男人的掌控力，同时强化男人对女人的掌控力。女人只作为交换筹码，或者可以积蓄的财富出现。尽管女人的性行为看似并未受到严密控制，但这种机制很大程度上直接或间接控制了女性的生育力。女人被绑架，被赎回，依附于支配世系，但很少作为独立行为人出现。

此外，各路庞加卡与海盗打交道时想做的头一件事，就是拿出本世系的妇女和女孩作为交换媒介——最初大概是为了压过扎菲易卜拉欣人一头。我们回头来看克莱门特·唐宁的记述，因为是他最早书面描述了这种行为。4月18日，唐宁的船在圣玛丽岛外下锚，他们的任务是发现并消灭所有残存的海盗窝点。他们发现旧要塞沦为废墟，海盗自己也大多离开，迁居本岛。当地的"国王"——显然不是扎菲易卜拉欣人，因为他们当时似乎已经基本被赶出了岛屿[40]——热情接待了他们：

　　19日中午前后，国王、王子和国王的两个女儿上了船。国王将两个女儿作为礼物献给船长，这是他们当初对待海盗的通行做法，因为他们以为我们是一回事。尽管船长拒绝了好意，但有几位军官接纳了夫人，为这份荣誉付出了很多：有一位付出了生命，另一位被好好收拾了一顿。国王请船长和船副上岸，上岸后，国王让他们对着大海发誓友善，不得侵扰；为了进一步确认，他们逼着每个人喝了一杯掺了火药的咸水，作为友谊的象征；这种仪式是从海盗那里学来的。[41]

　　这段话在许多方面都耐人寻味，但关键点在于，献上本地的女儿（姑且这么称呼）似乎起源于本地庞加卡和外来海盗的盟誓环节，随后很快成为欢迎外国商人和其他来访者的常规活动。在此类情形下，几乎所有外国观察者都提到两点：献上的女子地位高，年纪小。[42]例如，法国旅行家勒盖韦尔·德拉孔布（Leguével de Lacombe）1823年来到海岸城镇安代武兰图（Andevoranto）。第一天上午，一批年轻舞女来欢迎他，她们表演的时候"经常靠近我，不停做出意义再明白不过的动作和手势"。[43]他被告知，不选其中一个做性伴侣是失礼行为，于是他指了指看上去年纪最大的那一个。她是当地头人两个女儿中的一个，年龄据他估计不超过16岁，为此，女孩的父母大声欢呼。[44]故事的结尾依然是外邦人和（在这个故事里是）女孩的一位亲属缔结兄弟之盟。

　　那么，为什么是庞加卡的年轻女儿呢？原因大概是，假如由此缔结的盟约能够持续的话，可以将来访者直接纳入庞加卡的门户。成年女性自己有房子，或者应该由丈夫提供房子。少女还和父母住在一起。我们已经看到，支配世系总是希望通过招赘的方式使新成员依附于自己。如果这确实成了对待海盗的惯常做法，那就能解释亨利·沃森讲的海盗与王子同住一事了，以及海盗怎么会那么快就被卷入你来我往的抓捕和赎回俘虏的袭掠行动中。

* * *

尽管如此，这里发生的事情显然不止于此。毕竟，如果海盗只是以这种方式融入了原有的世系结构，充当雇佣军和异域珍宝供应商的角色，那他们的子女就会被同化到主顾的世系中，不会发生任何重大改变。马拉塔或贝齐米萨拉卡王国肯定不会崛起。

那么，还发生了什么呢？

同时期资料提供的证据极其零散。但有迹象表明，尽管"国王和王子"看上去掌握了米和牛的贸易，但地方性市场迅速围绕欧洲人的飞地形成，而且很快就由女性主导。鲍德里奇的证词本身就表明了这一点：尽管他为停靠圣玛丽岛的船只供应自产牛肉，但到了 1692 年，他的报告中开始出现这样的字句，"我为他们实时供应牛肉，为黑人供应禽肉、稻米和山药"。① 他

---

① 同样，当图船长 1693 年到来时，他们"从我这里买了一些牛，但粮食和海上物资是从黑人那里买的"。1695 年，威克船长（Captain Week）的"苏珊娜号"（Sussana）到来，"我分给他们一些牛，但主要供应者是黑人"（福克斯，《海盗自述》）。

没有给出关于商贩身份的任何线索，但其中有很多似乎是女性，或者大多数都是女性。^①事实上，海盗群体庞大的数量本身——鼎盛时至少有800人，分散在东北部各处——似乎就开辟了前所未有的社会可能性，很快便被当地许多更具冒险精神的年轻女性利用了起来。

女商贩与魔咒

有一天，四姐妹出发去寻富贵……

——一则贝齐米萨拉卡民间故事的开头[45]

现代贝齐米萨拉卡口述传统似乎完全不提海盗。最接近从马达加斯加人角度讲述海盗到来的文本号称是拉齐米拉荷的出身纪事，显然由当地口述传统衍生而来。文本是在东费内里沃（Fénérive-Est）本地的历史博物馆——朗皮博物馆（Musée Lampy）中发现的。人名和日期混乱不清，无从考据，^②但文字本身仍然是重要的：

① 例如，约翰逊写道，纳撒尼尔·诺思光着身子游到圣玛丽岛岸边时被误认作鬼魂，只有"一个之前在白人住处卖鸡肉的女人"除外（《海盗通史》，第520页）。今天的地方性市场一般由女性主导。
② 拉赫娜其实是拉齐米拉荷的母亲，玛塔维是他的妻子；瓦维狄安娜是一位贝齐米萨拉卡女先知的名字，她葬在塔马塔夫，生活在另一个时代，与故事情节完全无关（参见贝西的《塔马塔夫异名考》[Besy, "Les différents appelations de la ville de Tamatave"]）；1774年的时候，拉齐米拉荷早就死了。

当时有一个女人叫瓦维狄安娜（Vavitiana）。瓦维狄安娜属于萨卡拉瓦部落。她想要找丈夫。她有一个朋友名叫玛塔维（Matavy）。两个女孩每天都会去海边望水手。她们的另一个目标是设法做生意。瓦维狄安娜和玛塔维整天想着这两件事。

早年间，女人无夫，日子难过，社会对她们毫不关注，于是她们就想办法吸引男人。她们制作了爱情符咒"奥迪菲提亚"（ody fitia）。符咒起作用了。瓦维狄安娜和她的朋友就此得救。

两人不生活在一起：瓦维狄安娜在本地，玛塔维在萨卡拉瓦地区。过了几年，玛塔维和丈夫有了一个孩子，名叫伊齐米拉荷（Itsimilaho）。伊齐米拉荷娶了另一个女人拉赫娜，改名拉齐米拉荷。1774年，拉齐米拉荷被茹拉哈伊基国王（king Ralahaiky）打败，移居武希马西纳（Vohimasina）。

在欧洲人的记载中，马达加斯加女人是男人送给其他男人的性"礼物"，但在这篇故事里，女人是主动的一方。之所以会出现马拉塔人，不是因为外国海盗在海岸定居，娶了当地女人为妻，而是因为马达加斯加女人主动寻找外国男人结婚；事实上，她们愿意使用强大的法纳弗迪（fanafody），即魔药，来获得那些男人。我们会看到，这种魔药在马达加斯加闻名已久，不仅能够唤起爱慕之情，还能够让他人完全服从自己的意志。

基本上，凡是为了直接控制他人思想和行为的秘术，都被归类为"爱情魔法"。[46]

故事还表明，女子的动机主要不在于求欢。她们不是缺爱，而是追求尊重（没有丈夫的女人不受"关注"）和经商的资源。那么，她们之所以每天去海边找水手，首要原因大概是外邦人天然被认为地位高（同时期的资料确实常提到这一点），尤其是来自欧洲或阿拉伯等遥远地方的人，但其次也是因为水手，特别是海盗，有可能随身携带了丰厚的贸易品。这些女人在找资源，好让自己不再成为男性游戏中的棋子，而是独立的社会行为人。

直到今天，贝齐米萨拉卡女性依然以爱跟外国男人婚恋而闻名，恋爱关系进而可以作为买卖的基础。如今，这种倾向伴随着这样一种风气，即认为男人反复无常，异想天开，根本没有能力管钱，所以赚了钱应该马上交给妻子，免得浪费在没有意义的享乐上面。例如，詹妮弗·科尔（Jennifer Cole）讲述了当代塔马塔夫的几名男子，"他们的婚姻美满长久，骄傲地跟我说从来没自己买过衬衫，借此证明他们把管账的事情完全交给了配偶"。[47]科尔认为，这要追溯到殖民时代的资产阶级理想的家政观，这无疑有一定的正确性；但贝齐米萨拉卡女人主导市场的传统要悠久得多，她们会与富有的男人建立商业同盟，充当他们的业务代理人。这些女人被叫作"瓦迪巴扎哈"（vadimbazaha，意为"外国人的妻子"），她们与欧洲男人建立了正规程度、持续时间各异的家庭，这种情况至少延续到19

世纪。[48]大多数瓦迪巴扎哈都会讲两门或三门语言（随着法语取代英语成为沿岸贸易用语），有一些还识字；那时，她们中有很多自己就是混血儿。有的人可以吹嘘自己有很多任瓦扎哈（Vazaha，即外国人）丈夫，以及在不同的关系中生下的各种各样的子女。

这些女人本身也几乎全是成功的商人。事实上，多米尼克·布瓦（Dominique Bois）认为，当时贝齐米萨拉卡地区的沿海城镇最好用"女人之城"来形容；这些城镇在18世纪一般还很小，四周有围墙，城里大概有20到50座"大房子"，其中最大的房子住着瓦迪巴扎哈、她们（常常不在家）的丈夫，还有各种亲戚和仆人。这些女人货真价实地撑起了这些社区的脊梁，任何重大决定都必须有她们参与。

就这样，极具商业头脑的马达加斯加妻子解决了海盗们的根本难题：如何处置大量非法获取的财富，过上安稳舒适的生活。他们只要把处置权交给雄心勃勃的女商人就行了。事实上，在之后的几个世纪里，外国男人纷纷称赞这些瓦迪巴扎哈绝对忠于爱人的经济和政治利益。有人讲得很动情：

　　　　他们说，马达加斯加女人是真挚的朋友，真心为你好，不亚于为自己。她只会与你共事，为你做事。她是你与马达加斯加人打交道的忠实可靠的纽带，为你带来友爱、保障与庇护，只有死亡或者你的厌弃才会将其打破。有了这样的向导，你可以在贝齐米萨拉卡放心活动。[49]

　　只不过"你的厌弃"一语暗示，这不仅仅是个父权制下的服从问题。忠诚应当是相互的。在厌弃的情况下会发生什么事呢？资料语焉不详，但某些19世纪的梅里纳文献中给出了线索。这些文献大概出自19世纪70年代，描述了与高地商人恋爱的贝齐米萨拉卡女人施展的各种巫术。这些女人以残酷报复背叛的伴侣而出名：

　　　　费希特拉特拉（fehitratra）是商人妻子施行的一种巫术；做买卖的男子会在海边找一个情妇，以便获取财富："你在这里卖货，我从首都来回运货。"但他一旦赚了钱，就会背叛这个女人；他想不到她掌握了能够害死他的秘术。于是他欺骗她，带走了两人的共同财产。但女人知道如何用费希特拉特拉毁掉他；她把他杀到半死，施法让他只剩半条命：他从腹腔往下失去知觉，感觉不到自己何时撒尿或排便，是躺在床上还是躺在屋里的地上；他也失去了性能力。他在海边被妻子下了咒，但回到高地才会发作，病情会逐渐恶化，直到他死掉。这是海滨的贝齐米萨拉卡人施的一种咒。[50]

　　男人如果彻底背叛了伴侣的信任，就会面临这样可怕的命运。如果商人只是抛弃伴侣，回归高地的家庭，那她可能会为他选择一种稍微体面些的死法：

拉奥迪亚（rao-dia）是贝齐米萨拉卡床伴施展的一种法术，她们是那些出门跑生意的男人的伴侣。女人取少许男人踩过的土，烤的时候念咒语："如果他不属于我，他也不能属于任何人！愿他死去！愿他的妻子儿女永远不知道他因何而死！"他回到城里，床伴施展的巫术就会跟着他上路，他死的时候，大家会说："可他来的时候还好好的。然后突然一下子就这么死了！"这就是拉奥迪亚。[51]

形形色色的复仇魔法——费希特拉特拉、马纳罗穆迪（manara mody）、拉奥迪亚——至今依然存在（至少人们是这样坚称的）。至少在我做调研的社区，它们全被认为属于奥迪菲提亚，即"爱情魔法"，另有其他一系列魔法形式，比如法纳因加拉维特拉（fanainga lavitra，可以让离家的恋人灵魂出窍，必须回到施咒人身边才会醒来），还有齐米霍邦加（tsimihoa-bonga，将恋人限制在一定范围内），都被视为爱情魔法——可能是因为它们一般被应用于婚恋关系，也可能是因为它们旨在让别人服从自己的意志。爱情魔法主要与权力和控制有关。[52]现在，它们不再被认为属于任何特定地理区域。但150年前，人们认为只有与外来人合伙做生意且有性结合的东北海岸女人才会用这些法术，这一事实无疑具有重要意义。

别的不谈，这些情况或许解释了开头故事中用"爱情符咒"引诱和留住外国水手在现实中可能意味着什么。毫无疑问，海盗很快就知晓了这些可能性；当他们与马达加斯加人组建新家庭，安顿下来时，新的亲戚朋友肯定会向他们解释这一切，坚持说这真心只是为了他们好（无疑并非全是虚言）。鉴于海盗经常感染疟疾和其他热带疾病，死者也很多，可想而知，谣言之网肯定很快便包围了他们。

家务事

多妻倾向并没有改变这一切，只是让局面更复杂了。例如，约翰逊船长有一处写道——坦率地说，这段内容相当异想天开——海盗"娶了最漂亮的女黑人，不是一个两个，而是想娶多少娶多少，人人都有君士坦丁堡大苏丹那么大的后宫"。[53]当时的其他人则评论称，海盗喜欢上了妻子提供的安逸生活，越来越不愿意出海了。[54]后来有一份只留下英语译文的19世纪文本，文中呈现了一名被分派到贝齐米萨拉卡某乡村的梅里纳传教士大惊失色的反应——显然经过了严重夸大。我们从中能够了解到手握大笔不义之财、三妻四妾之人的生活可能是怎样的：

> 女人找丈夫的时候不考虑对方的品德，而主要看他有多少钱，多少财产；所以，干活的好男人不讨她们喜欢，她们说，这种男人会让老婆为他们做事；所以，她们甚至想找窃贼盗匪，因为这些人做无本买卖……
>
> 地位高的男人有4个妻子，最多可有12个。但他们说，

找这么多妻子是为了让她们帮自己做事，可丈夫丝毫不见快乐或安逸，因为这么多妻子争吵不休。那里一块银元能买6码棉布，当他给一个妻子买了一条兰巴（lamba），其他妻子就都说也要，尽管她们平常只披拉菲草布。女人从不忠于丈夫，所以总是惹出麻烦。每个妻子都有自己的房子，丈夫要轮流花时间去陪；就算他生了重病，头都抬不起来，也不能冷落了哪位妻子，免得她跟别人跑了……

大家心照不宣地认为，男人不在家的时候，女人可以随意找别人。[55]

他解释道，这进而引发了无休止的复杂的财产再分配，因为一个女人暂时离开丈夫找了别人，等到丈夫想要她回来的时候，往往得送她一头牛作为礼物才行（他评论称，许多女人在彻底离开丈夫之前都攒下了很多牛）；或者，一个有很多个妻子的男人出远门期间，他的其中一个妻子搬到了某位情人家里，那么她可以安排丈夫提早回家，假装捉奸在床，然后索要高昂的通奸罚金（这笔钱夫妻俩可能会平分）。[56]

这位牧师显然是在耸人听闻。尽管如此，凡是在一个马达加斯加村庄里长时间住过的人都知道，各种魔法知识和风流把戏盘根错节，层出不穷，让生活复杂到无以复加，源源不断地产出繁复神秘的八卦。不管怎么说，这种社区里的生活永远不会无聊。

说贝齐米萨拉卡女人只关心未来夫婿有多少钱，这极欠公允，甚至不适用于外国人的情况。多米尼克·布瓦[57]指出，就连身无分文的瓦扎哈也能找到忠实的伴侣；她说，这表明接纳外国人肯定还涉及其他的价值观——声望、待客之道。我还要补充一点：自由。我前面讲过，海盗到来时拥有大量经济资本，但几乎没有社会或文化资本。但从潜在伴侣的角度来看，就连后一条也具有显而易见的优势。首先，海盗和其他外国人一样，来的时候身边没有母亲或其他家人，这样就不会干预妻子的决定；其次，他们来的时候几乎对社会一无所知，往往连一种周围人能听懂的语言都不会讲。于是，他们的女性伴侣不仅仅是中间人，更相当于导师——哪怕明显采取了一种经典的性别化方式。只要这些女性伴侣不是（或不再是）住在父亲家里的少女，她们就有机会切实地重塑当地社会——随着港口城镇的建立，性道德的转变，她们与海盗生下的孩子最终成功提升为新的贵族阶层，这正是她们能够做到的事。

在这些大胆创新中，最惊人的一个例子或许并非来自东北部，而是来自东南部，即曾经的安泰莫罗和安塔诺西（Antanosy）王国的地盘，还有失败的法国殖民地多凡堡。读者可能还记得，多凡堡最终遭到毁灭，是因为殖民者抛弃（或至少贬斥）了马达加斯加妻子，以便与一船刚刚从法国来的女人举行集体婚礼。

1697年10月，试图逃离圣玛丽岛起义的海盗船"约翰和利百加号"（John and Rebecca）在多凡堡外遇难，一群幸存者到旧法国要塞中暂避。没过多久，附近的王国就派人来探查情况，其中有一位年迈的公主，她宣称一名海盗——船上的舵手亚伯拉罕·塞缪尔，他是混血儿，父亲是马提尼克岛的种植园主，母亲是奴隶——是她失散多年的儿子。她多年前嫁给了一位法国殖民者，生下一名男婴，但23年前多凡堡大撤离的时候，他带着儿子走了。她通过特殊的胎记认定那男孩就是塞缪尔。塞缪尔聪明地配合演戏，又或者他一开始不太知道发生了什么，但不久之后，他就发现在公主的运作下，他成了安塔诺西国王。接下来的十年间，塞缪尔在她的羽翼下治国，无论走到哪里都有20名海盗同伴护卫；他做的其中一件事就是让王国成为进一步袭掠贩奴船的基地。[58]

公主的动机固然无从得知，但也不难猜到。塔诺西人（Tanosy）由扎菲拉米尼亚人统治，后者也是一个父权制的"外来的内部人"群体，女性的自主性在其中受到了极大的限制。公主收养了一名懵懵懂懂、完全依赖她了解当地政治的外人，再将他推上至高权力之位，由此发动了一场政变——尽管存在父权制的制约——让她事实上掌握了国政。

军权与性权的对立

我认为，这一切意味着，当时的东北部至少存在两个不同的人类活动领域：一边以男性为主，由庞加卡和头人支配，女人在其中和牛一样是英雄游戏中的棋子；另一边是新兴的魔法、商业和性冒险领域，女性在其中最起码是平等的玩家，而且常常大占上风。海盗在一开始不可避免地被卷入前一个领域。但随着时间推移，女性的角色变得越来越突出。

关键转折点很可能是几乎将海盗赶尽杀绝的1697年起义。约翰逊船长的描述应当能反映出一些实际发生的情况，其中真实故事的片段里夹杂着作者本人的揣测和臆造。例如，他在《海盗通史》开头对埃弗里手下的命运讲得就相当准确：

> 马达加斯加原住民……中间有无数的小王公，互相征伐不止；战俘就成了奴隶……我们的海盗刚定居下来的时候，王公们积极寻求跟他们联盟，于是他们有时与一位联手，有时又与另一位联手，但无论他们在哪一边，那边都必定胜利；因为黑人没有火器，也不会使用火器。[59]①

他解释道，这就是海盗能像前面说的那样享有后宫的原因。但没过多久，海盗的肆意残虐让马达加斯加邻居们得出结论，认为他们带来的麻烦大过好处。

> 黑人们于是合谋要在一天晚上彻底摆脱这些破坏者；因为这些人现在散居各处，所以解决他们本该是件容易的事，要不是有一个曾经是海盗妻子或小妾的女子3个小时跑了将近20英里去给他们通风报信的话。[60]

---

① 这其实并非实情；我们后面会讲到，当地人有枪，只不过质量不算太好。

　　后面的情节就纯属臆想了。但我们知道，作者确实喜欢把采访退隐或入狱海盗得来的资料混入海滨或河畔酒吧里的道听途说以及他本人的虚构幻想；我们还知道确实有过这样一次协调一致的起义，而且确实有一些马达加斯加人庇护了海盗；因此，这很有可能是对一起真实事件的回忆。

　　不管这种事有没有实际发生，1697年显然都是一个转折点。海盗起初任由自己被卷入旧的英雄式的战斗和竞争领域，而在1697年之后，纳撒尼尔·诺思等谨慎的定居海盗和一批追求自主权的马达加斯加女性开始创造另一番天地。称之为行动和价值观层面的"新兴领域"看上去或许言过其实：肯定会有其他人说，海盗只是离开了政治领域，进入了家庭领域，而马达加斯加的家庭领域往往本身就丰富多彩，富有冒险精神。但我认为，有证据（哪怕只是间接证据）表明，当时的许多人确实就是这样认为的。

　　我们掌握的证据表明，魔法——法纳弗迪领域，或者说"魔药"领域——是一个极具争议的领域。比方说，记述拉齐米拉荷功业的马耶尔手稿和对战争的通行描述从来不提符咒或咒语，尽管确实会提到其他种类的仪式，这实在令人震惊——因为在马达加斯加，法纳弗迪往往是战争实践的核心所在。

　　现在，我们回过头来看法国旅行家勒盖韦尔·德拉孔布。上次讲到他的时候，他获得了海岸城镇安代武兰图一位本地酋长16岁女儿的热情接待。在旅行途中，他邀请了一位知名的占星疗愈师（ombiasy）教授他占星术、占卜术和符咒制作的基础知识。[61]

马达加斯加占星术基于阿拉伯阴历，当时仍然基本上被视为来自远方的神秘知识；最有名的占星专家是多凡堡一带的安泰莫罗人和扎菲拉米尼亚人（两者分别以马达加斯加化的东非逊尼派和苏门答腊什叶派神秘主义者为主，都自称源出阿拉伯），尤其是前者遍布全岛，凭借自身技艺在王室宫廷中担任维齐尔。贝齐米萨拉卡地区似乎有一处安泰莫罗人聚落，生产主要用于书写咒语的桑皮纸，而在伊翁德鲁镇（Ivondro）附近有一处扎菲拉米尼亚人聚落。[62]不过，贝齐米萨拉卡人里也有占卜师和疗愈师，有男有女。

拉孔布完全没有介绍他导师的出身，但他强调，当地的魔法传统似乎以两位神话人物为核心，一位是巨人达拉菲菲（Darafify），一位是女巫马哈奥（Mahao）。达拉菲菲是马达加斯加民间传说中的常见角色，[63]是乐善好施的战士、统治者和探险者的典范，他在岛上四处寻找值得统治的臣民，创造出各种地貌，并偶尔与敌对的巨人战斗。与之相比，马哈奥具有浓郁的地方性色彩——关于她的唯一信息来源就是拉孔布。两人明显是对立形象，一个主管防护魔法，另一个显然主管爱情魔法和巫术。从塔马塔夫城后方森林里的三个大湖——罗索阿贝（Rosoabe）、拉索阿马赛（Rasoamasay）和诺西贝（Nosibe）——的相关传说中，我们就能感受到这种对立关系。

前两个湖是双子湖，传说得名于达拉菲菲的两个妻子，她们过去常常在那里种稻子（巨人自留了两湖中间的土地作为牛圈）。费朗记录了他从塔马塔夫的一位贝齐米萨拉卡女子那里听来的小故事：

> 罗索阿贝和拉索阿马赛是巨人达拉菲菲的妻子。巨人把湖所在的位置给她们种水稻，两人就住在那里。有一回丈夫不在，两人在外偷腥。事情让他知道了，他一回来就把两人分别丢进了湖里，那两个湖现在以她们的名字命名。两人分别在湖底建立新的村庄，带着牛和奴隶在那里生活。据说，当水面平静的时候，可以看见她们在湖底的房子。[64]

在这段故事里，巨人对婚内不忠做出了过度激烈的反应——事实上，据我所知，这是神话传说中达拉菲菲唯一一次举止恶劣——将女人们封印在了一个水下异世界中。还有一个性质类似，但复杂得多的关于不忠和过激反应的故事，让马哈奥落入第三个湖的下面，过上了类似的异世界生活。这两个故事显然是对彼此的反转，构成了一个互补的集合。不过在第二个故事中，暗示变得更加明显了。

拉孔布说自己早些时候曾横穿过这个湖，记得向导警告说，男人在过湖的时候必须保持绝对肃静，不然就有厄运等着他。[①]这段话值得全文引用：

---

① 根据勒盖韦尔·德拉孔布的说法（《马达加斯加之行》[*Voyage à Madagascar*]，第1卷，第153页），这个湖现在属于达拉菲菲之敌火巨人。

"你应该，"他补充道，"会在湖里看到一个比其他岛更大的岛。岛上曾经住着一位美貌而邪恶的女人：马哈奥。她的父亲是一位强大的安泰莫罗酋长，名叫安德里安查（Andriantsay）。他的祖先从阿拉伯带来了魔法的奥秘，他又传给了她，好让她对男人有用。但是，马哈奥有一天惊讶地发现丈夫睡在一名年轻女奴的胸口；捅死他以后，她发誓仇恨全天下男子，此恨永无息。从那时起，她就用自己的学问来害男人。

"安德里安查被女儿的罪行吓坏了，将她和几名女同伙赶出了王国。她们来到岛上避难，也就是我们将要绕行的岛。

"本地大酋长的儿子们一个接一个地前来，拜倒在她的魅力下；她假装回应他们的爱意，把他们带回自己的宫殿，让他们沉浸在欢乐中；但他们为她提供的欢愉付出了沉重的代价。品尝了三天三夜的甘美爱情之后，他们就会被这个残酷的女子下咒，很快便身死。有人头晕目眩，冲进湖里，还有的人用自己的矛捅死了自己。

"就这样，许许多多酋长和勇士死去了，包括贝马纳纳（Bémanana）的所有儿子——除了小儿子，神选择了他去给6位死去的兄长报仇。按照扎菲拉米尼亚贤者拉查拉（Ratsara）的建议，他上了岛，而且为了掩盖自己的计划，他投身于马哈奥让受害者沉沦的欢愉之中；但是，他抓住她熟睡的机会，攥起一颗坚不可摧的巨人牙齿，然后猛地几下刺穿了她。

"然而，另一个符咒让马哈奥升为鬼魂，赋予了她死后害人的能力。

"她留在了湖底，只要听到男人的声音就足以唤醒旧恨。我们不要多说话了，因为那样必将把我们引向她居住的洞窟。"[65]

我们不清楚"巨人牙齿"是不是达拉菲菲的牙齿，但鉴于两篇故事的对应关系，在我看来，有理由认为这是个影射。

马哈奥的故事几乎囊括了本章中出现过的所有主题：安泰莫罗人和扎菲拉米尼亚人等"外来的内部人"群体的秘传知识（扎菲易卜拉欣人此时已退出历史舞台）、群体内女人的性反叛、力量强大但用于复仇的爱情魔法（暗示那些被她魅力引诱的人是受到了货真价实的"魅惑"）、那种力量与男性战士阶层的对立（"本地大酋长的儿子们""酋长和勇士"……）——还有，战士最终做出了回应并取胜，至少在这则故事中是这样。但是，他们的胜利并不绝对。马哈奥死而不败。她留在水下，力量未失。即便是能主导大会的男性战士，从她头顶经过时也必须保持沉默。达拉菲菲和马哈奥这两位英雄，在魔法实践的逻辑里，陷入永恒悬置的对立关系之中。

第三章

海盗启蒙

行文至此，我们终于可以转向拉齐米拉荷的故事，把它放在合适的语境中加以考察了。

我前面讲过，创建贝齐米萨拉卡联邦的宏大政治动员并非由海盗的儿子们发起，他们当时大都还是小孩子。但是，直接发起者也不是海盗自己。可以明确的是，海盗们居住在港口城镇里，观察事态的发展。毕竟结果攸关他们的利益，他们不可能不关心。但如果马耶尔的说法可信，那他们基本上处于边缘位置。[①] 除拉齐米拉荷本人以外，主要行动者似乎是马达加斯加的庞加卡和庞加卡的儿子们，他们要争夺之前基本由海盗及其女性盟友创建的港口城镇。在某种程度上，这场动员只是在重申传统的男性价值观——军事实力、公共集会上的辩才、通过祭祀仪式建宗。在某种程度上，这也是一场政治实验。它融合了来自海盗的政治模板和原则，而且按照其他外国文献的说法，

① 比亚卢舍韦斯基（Bialuschewski）在《海盗、奴隶和马达加斯加原住民》（"Pirates, Slaves, and the Indigenous Population in Madagascar"）第423页中还引用了一份来源不详的"口述传统"，说海盗只为贝齐米萨拉卡提供支持，但并不直接代表贝齐米萨拉卡参战。

还融合了沿海地区既有的政治传统，从而创造出了一个迥异于
以往的政治体。

我将它冠以原始启蒙（proto-Enlightenment）政治实验之
名，当然是在有意挑衅。但我认为，挑衅在这里是恰如其分的。
讲马达加斯加语的人们开展了一场自觉的政治实验，如果确有
其事，那么这样一种历史现象正是当前的史学最没办法去分析，
甚至最不愿予以承认的。

1977年，罗伯特·卡瓦内斯论述贝齐米萨拉卡联邦的文章
中认为，联邦是一种确保"世系体系"再生产模式不受"贸易
体系"侵蚀的手段。它或许可以被看作一篇高水准的广义马克
思主义分析文章。[1]文章写作时，适逢马达加斯加正在自主试验国
家社会主义，就像许多后殖民社会一样。从那以来，宏观政治
局势发生了改变，历史分析的主要关注点和话语也变了。随着
"全球化"时代到来，全球性官僚机构出现并以全球"市场"的
名义服务于越发狭隘的经济精英阶层利益，一种历史写作风格
也兴起了。这种风格首先关注国际贸易，其次是将"本土精英"
视为最重要的——甚至是唯一的——历史参与者。尽管确实有
一些优秀的马达加斯加研究专著[2]明显避开了上述关注点，但大
部分海盗相关著作[3]都遵循了这一模式。外国商人与本地精英或
结盟，或冲突。人们假定"精英们"在所有重要层面上具有一
致性；最多可以划分为"政治精英"和"魔法—宗教专家"，但
最重要的预设似乎是，精英必定一直存在，他们主要从事财富
和权力积累活动，而且如果可以在精英中做出划分，那主要依

据的就是当前积累了多少财富和权力。在这一切中，群众运动或大众思潮（或许"西方的"除外）——宇宙观、价值观、意义观——基本都被排除在外。前者完全被抹杀，后者充其量体现为套在一系列演员身上的奇装异服，而这些演员无论穿得多么丰富多彩，都命中注定只能强迫症般反复上演同一出戏码。①

　　一位当代历史学家这样总结导致贝齐米萨拉卡联邦崛起的那场战争的意义：

> 　　尽管战争产生了数量可观的俘虏，但直到敌对状态结束后很久，贝齐米萨拉卡都没有靠出口奴隶获利。在1724年之前，东海岸各处港口事实上脱离了殖民市场，因为可以说几乎没有贩奴船到来。在17世纪与18世纪之交，有几艘商船因遭遇海盗而蒙受损失，所以奴隶贩子后来都躲着这片区域……在18世纪上半叶，东部沿海的大部分居民一直生活在大体上自治的村庄里。考古调查结果显示，陶器传统鲜有变化，贸易、社会分化、发达的定居点这类等级制度的相关证据也很少。尽管考古发现确认了当地的主导政权是由一位个人魅力型领袖建立的，而不是通过渐进式的结构

---

①　值得一提的是，浩如烟海的关于安泰莫罗种姓制度的研究文献几乎全都不提一点：这套种姓制度在19世纪被一场民众革命推翻了。类似的还有推翻马拉塔人的民众起义，卡拉永（Carayon）在《法属马达加斯加建立史》（*Histoire de l'Éstablissement Français*，第15—16页）中称之为"塔尼贝革命"（revolution of Tanibe），对此，关于当地历史的著作中几乎从来不提，就连关于马拉塔人历史的著作里也不提！

性变化，但拉齐米拉荷从未拥有像萨卡拉瓦社会里那样的神圣而绝对的王权。贝齐米萨拉卡不是统一的王国，而基本上还是由独立社区组成的联邦，其中各个社区由强大的大头人领导。[4]

虽然马耶尔表示，拉齐米拉荷小心地确保尽可能多的战俘能与家人重新团聚，但此处字里行间隐含了（甚至可能都不算"隐"含）一种假定，那就是任何人只要有能力将他人送到海外为奴，让其悲惨度日、客死异乡，他都会这样做，至少如果这样做能够换来更高级瓷器的话。而我们基本可以假定，如果能选，作者本人肯定会像大多数人一样，更愿意生活在一个没人会被卖为奴隶，也不受专权恣肆的暴君统治的社会里。所以实际上，唯有使用这种话语（不管它表面上显得多么中立），才能在考察下述状况时不将其视为伟大的历史成就：一群人公开集会，设法一面抵御奴隶贩子，一面保持权力分散的参与式自治制度。

而我正打算采取与之相反的视角，主张这确实是一项伟大的历史成就。建立贝齐米萨拉卡联邦的人们——说到底，它并不源自单单一个人的构想——是成熟而有思想的成年人，他们了解各种各样的政治可能性，不仅有马达加斯加的，还包括欧洲和印度洋周边各地的。我们同样有理由假定，他们特别了解海盗船和海盗社区的组织形式，因为他们经常与这两者打交道。那么，在本章接下来的部分中，我会从这个角度来（重新）解读现有证据。

这是有一些难度的，因为马耶尔的记载明确假定联邦诞生自一个人的构想。它本质上就是一部圣徒传。几乎每一章都有几段专门用于探讨主人公卓绝的道德品质与个人素养：有时是通过与他的对手、齐考阿国王拉曼加诺做对比，有时单纯就是长篇大论歌颂传主本人。大多数其他人物的存在只是为了推动情节发展，或是因为他们的死法有意思。因此，我们必须借助旁枝末节和言外之意来提取故事全貌。但我认为这是有可能做到的。马耶尔的素材是拉齐米拉荷老战友的回忆，当时他们已经六七十岁了。一部分故事要素（战斗、调遣、演说、盟誓）被讲得极其详尽，另一些要素则显然遭到削减或压抑。结果就是一部典型的英雄传奇；尽管18世纪的马达加斯加东海岸出现这种体裁本身就很有意义，但要想充分理解情节背后的深意，我们就必须超越事情发生之后一两代人认为值得讲述的内容，而要转换视角去看待每一处小点，将它放到未被言明的语境中进行考察。

初始状况

到了1712年，海盗基本已经放弃了圣玛丽岛，集中居住在本岛沿岸：似乎有人在安通吉尔大海湾定居，有人在圣玛丽岛正对面的廷廷居（Tintingue），但最大的两个聚居地似乎是后

来被称为费内里沃（费努阿里武）和富尔波因特的城镇。[5①]读者
应该还记得，后者在当时叫安布纳乌；甚至早在海盗到来之前，
这里就已经是一处为外国船只供应米和牛的补给站了，此时它
则成了纳撒尼尔·诺思的社会实验场，试图将海盗的治理方式
应用于陆地。

　　按照马耶尔的说法，东北部的所有港口——费内里沃、富
尔波因特、塔马塔夫——一度落入来自南方的军事同盟齐考
阿之手。齐考阿由五个氏族组成，发源于后来的贝齐米萨拉
卡领地的中间三分之一处。与"北方人"（安塔瓦拉特拉人
［Antavaratra］）和"南方人"（安塔齐莫人［Antatsimo］）不同，
齐考阿人由"一位国王，一位高于各部酋长的酋长，一位绝对主
宰着臣民财产与生命的独裁者"统治。[6]这位国王有着恰如其分的
名号，"拉曼加诺"（"为所欲为者"）。马耶尔接下来解释道，齐
考阿人的祖地没有海港，他们最终攻打了北方的邻居，并轻易控
制了东北部全境。马耶尔将结果简单描述为北方人横遭暴政：

　　　　他们年轻的女儿被夺走，卖给经常停靠海岸的欧洲船
　　只，稍有嘀咕就会招致奴役和死亡的惩罚。祖先的坟墓被
　　亵渎。用来与欧洲人交易的物品被抢走，没有任何补偿。

---

① "正是因为他们来到马达加斯加岛北部和东北部，塔马塔夫、富尔波因特、
特内里费［费内里沃］、圣玛丽、安通吉尔湾、马那那拉、鲍德里奇角才出现了
定居点。直到今天，我们还能在安通吉尔湾内马罗特岛（Marote）、纳万内湾
（Navanne）和韦林古特湾（Véringoûtre）沿岸看到嵌入礁石的铁环。那是他们修
船时的停靠地。"（马耶尔，《拉齐米拉荷生平》，第191页）

村庄被整个废弃，因为男人、女人、孩童都要负责从海边向内陆运货。北方海岸的任何一处有船到来，都是居民逃亡的信号。如果他们回来，与其说是为了确保承诺的收益，不如说是因为害怕庄稼被糟蹋，村庄被烧成平地。

齐考阿人确立了对征服地域的支配。他们定都于武希马西纳，一座位于同名山上的村庄，距离费内里沃不远，固若金汤。齐考阿暴君从这里向众多部落颁布法律，这些部落对自身的力量一无所知，悲哀地将头伸进了征服者的枷锁。[7]

马耶尔的叙述令人困惑。他有时似乎在讲常见的掠夺贩奴行径，有时又像在讲述一个号称掌控了沿海全境的帝国的崛起。

现在来看，原先从没听说过这片地区有任何占支配地位的氏族，突然间蹦出来一个独裁君主国的可能性微乎其微。其他文献中将齐考阿称为"某种共和国"。[8]卡瓦内斯的看法大概是正确的，他说拉曼加诺尽管号称"为所欲为"，但其实只是传统氏族联盟中一个权力很大的战争酋长。[9]马耶尔声称，齐考阿大概出现于16世纪。关键的是，他有一处偶然说漏了嘴，[10]表示17世纪50年代对东海岸欧洲人据点的大屠杀被认为是齐考阿人所为。将这些信息拼凑在一起，我们似乎可以得出一个合理的结论：齐考阿最初是这五大氏族倡议成立的一个海岸防御性质的军事联盟；一开始，它只在紧急状况下才具有实体。

随着海盗的到来，联盟的性质才开始变化，商贸色彩开始加重。拉齐米拉荷时代过去许多年后，罗雄神父与齐考阿长老

谈过，听到的故事版本大不相同。长老们坚持认为，齐考阿人只是当地各族中"最有经济头脑和勇气的"，当地各族人

> 离开自己的地盘，成群涌向海盗的居住地，打算采购他们觉得有用和方便的各种贸易品。他们特别想要漂亮的印度织物、默苏利珀德姆（Masulipatnam）手帕、平纹棉布和其他多少比较珍贵的货品。沿海居民叫作安塔瓦拉特拉人和玛尼沃罗人（Manivolo），真心欢迎他们的到来；他们觉得，但凡他们在交易各类物资食品、供应船只所需方面出了一点点岔子，那便没有履行友善招待海盗的义务。[11]

因此，从17世纪90年代起涌向新港口城市的就不仅仅是女商人，还有男人；例如，将货搬上船必然需要大量搬运工、赶车工之类，而这些都是传统的男性工种。由于齐考阿人有距离上的劣势，可以推测，他们重拾了之前的军事组织，负责保护商队和在当地的据点。这种组织难免卷入本地冲突。就算奴隶贩子不想惹麻烦，在一个崇尚抢牛文化的社会环境中，如此集中的大量财富本身就必然会引发骚动——马耶尔在其他地方描述了"争斗不断、劫掠仓房、焚烧村庄、抢夺牛群、毁坏庄稼、奴役、苦难，还有它们造成的种种仇恨与报复"。[12]约翰逊在记述纳撒尼尔·诺思生平时写道，安布纳乌海盗殖民地总是处于卷入当地冲突的边缘。[13]最后，当数量更大的外国奴隶贩子再次出现，为毛里求斯和留尼汪兴盛的种植园经济寻求人力时，他们显然意识到了

与当地外来的军事组织结盟的意义。不久，齐考阿就有了一位永久性的战争酋长，还有至少两处常设驻军地。一处是安布纳乌/富尔波因特近旁的围栏营地，另一处就是齐考阿"都城"武希马西纳，从费内里沃往内陆走几里格就能抵达这座山顶要塞。

没有证据表明齐考阿人征收贡赋；他们只是从进出港的货品中抽成，还有在奴隶贩子要求的时候展开突袭。这必然意味着要与掌控港口的海盗达成某种默契。但如前所述，海盗移民从1697年之后就越发敌视奴隶贸易。他们越是融入当地事务，对这种专横暴力的感受和判断就越是与马达加斯加亲属们趋同。马耶尔提到，齐考阿人专门不抓外国人的亲生子女，允许他们自由出入港口，但这显然并不足够：文献一致认为，当起义终于爆发的时候，海盗予以了支持。

拉齐米拉荷就在这里登场。

文献一致认为，拉齐米拉荷的父亲是英国海盗，名为汤莫，也有说叫"汤姆"，他的母亲是扎菲德拉米索阿（Zafindramisoa）氏族酋长的女儿，名为拉赫娜。这个氏族至今仍生活在费内里沃周边。[14]但除此之外，各种记载呈现出尖锐的分歧。在海岸生活过一些年的法国军官路易·卡拉永（Louis Carayon）[15]写道，拉齐米拉荷的父母在圣玛丽岛相遇，但还没等他出生，他父亲就为了躲避对海盗的征伐而逃亡，死在了路上；怀孕的寡妇继承了丈夫的武器和财宝，全部交给起兵对抗齐考阿人的酋长联盟，条件是奉她的孩子为王。这个故事令人惊讶，因为它表明贝齐米萨拉卡同盟的兴起与拉齐米拉荷完全无关，但出于各种原因，此说不可信。[①]通行的说法来自马耶尔。[16]他说，拉齐米拉荷之父汤姆设法洗白了身份，并做了一件不寻常的事，带着青春期的儿子去伦敦受教育，同去的还有几名年纪相仿的马达加斯加人，但过了几个月，他的儿子就思念起了家乡，要求回去。随后，父亲便给了他一大批枪炮财宝，由他自己去闯荡了。这个说法也留下了一些疑问。拉齐米拉荷的父亲到底是如何设法返乡，并将财富转化为足以让子女接受教育的社会地位的？[②]那

---

① 一个原因是，这意味着——除非战争年份的通说也是错的——拉齐米拉荷出生于1712年前后，1730年时只有18岁，但从1718年以来，多份欧洲资料就表明此人存在。

② 对于拉齐米拉荷之父的身份一向多有揣测。马耶尔本人认为他是"汤姆·图"，一位著名的纽约海盗，曾参加1694年亨利·埃弗里的远征行动。这种可能性极低，因为除非现有文献全是错的，否则图死在了攻击"奇宝号"的过程中，没能活着回到圣玛丽岛；再说了，他不是英国人，而是罗得岛人。于贝尔·德尚（《马达加斯加海盗》，第199页）给出的猜测要更合理。他说拉齐米拉荷的父亲是托马斯·怀特（Thomas White）。但如果是这样的话，那么公认的年表肯定就有大问题，因为一般认为拉齐米拉荷出生于1694年，而怀特直到1704年才来到马达加斯加，据说五年后酗酒身亡。如果非要我给一个说法，我会说是纳撒尼尔·诺思。他住在安布纳乌，而且据说曾努力让自己的马达加斯加子女接受欧洲教育——尽管不是在伦敦，而是在毛里求斯（约翰逊，《海盗通史》，第555页）。海盗常常有多个名字，诺思没有什么理由不能叫"汤莫"。但年代还是有问题：在我看来，真正的问题在于所有猜测都假定拉齐米拉荷之父必须是有名的船长，也许是因为他们无法想象一名普通水手会对子女教育感兴趣，或者拥有这样多的赃物。但海盗赃物是平等分配的，而且尽管船员更可能会选识字的人做船长，但海盗船的高级船员和普通船员之间并不像其他船一样有明显的阶级划分。从常识来判断，一个不是知名大盗的海盗返回英格兰而不被逮捕的难度会低一些。1716年，有一批海盗接受了毛里求斯总督的条件，交（一大笔）钱换取特赦，因此可以合法旅行。拉齐米拉荷的父亲可能就是其中一位（卡特，《海盗与移民》[Carter, "Pirates and Settlers"]，第59—60页）。

会是什么类型的教育？他是像马耶尔暗示的那样留在了英国，还是继续积极参与了后续事件？陪同的马达加斯加人是谁？马耶尔宣称，信息来源是两位当年陪他们的前国王去往伦敦的老人，但他没有说明两人的身份，或者两人在后来的事件中扮演了何种角色。

我认为这些都是有实际意义的问题，因为所有证据都表明，当时存在一种克里奥尔化的海盗文化，不仅限于拉齐米拉荷或后来的马拉塔人。在18世纪10年代和20年代，海盗们继续在印度洋各地贸易劫掠。根据一份文献，[17]拉齐米拉荷本人有过"多次旅行"，目的地包括孟买和马拉巴尔海岸的其他地方；我们已经看到，他似乎曾在萨卡拉瓦宫廷做过学徒，那里当时充斥着海盗顾问；[18]后来，他又凭借对信贷工具的了解，组织王国与外国商人的贸易。[19]合理的结论似乎是，这种经历并非独一无二，也不严格局限于真正的海盗后代——事实上，即便在马耶尔的叙述中，马拉塔人也没有扮演任何积极角色；拉齐米拉荷最亲近的盟友和同伴都是和他一样接触过海盗与海盗行事方式的年轻男子，但他们自己是纯粹的马达加斯加血统。我们偶尔才会得知他们的名字，但他们的身影不时出现在文献中：两个无名同伴陪着他去了英国；[20]他第一次被迫逃离安布纳乌的时候，身边是表亲安德里安博拉（Andriambola）和一小批亲密朋友；[21]他"最亲密的朋友"和战争末期的副统帅是钦嘉利（Tsiengaly）；[22]诸如此类。

其中一些同伴在半个世纪后成了马耶尔的信息来源。如果他们在讲述故事时淡化了自己在事件中扮演的角色，那也不奇怪。马达加斯加长者理应自谦。他们的谦虚反过来又强化了马耶尔自身的倾向，那就是一切以拉齐米拉荷本人为中心，将他描绘成一位启蒙君主和立法者，完全凭借个人的天才缔造了贝齐米萨拉卡民族。这并不是要否认联邦成立在某种意义上是一场原始启蒙实验，而只是想说，将一切都归功于一位个人魅力型建国者和绝对君主的概念，本质上是一种计谋。这就好比在海盗船上，靠宣扬船长大权独揽、嗜血成性的名声来吓唬外人是一种方便的做法，哪怕船组内部的大部分决策都采取多数票决；同理，联邦的建立者们觉得维持一个全权国王的表象有其实用价值，尤其是在与外人打交道的时候，而由于他们有大量抢来的高档货，所以很容易营造出王廷的样子，同时无须对内部分工机制做出大的调整。

因此，联邦既不是由一个人独立建立的，也不是由马拉塔人集体建立的。如果说，那些在构思和创建联邦的过程中似乎发挥了主导作用的青年男子，参照的模板是海盗船和海盗的组织形式，这也没什么可奇怪的：毕竟，这些是他们最有可能直接体验过的外来组织形式。约翰逊的记述表明，海盗们确实曾自觉地将船上的组织架构转移到陆地上，将纳撒尼尔·诺思选为安布纳乌海盗的"船长"。约翰逊坚持认为，海盗有意设计了这样的组织方式，目的是给马达加斯加邻居们留下治理有方的榜样印象。就连那些去过欧洲或印度的人也很可能是跟着海盗一起去的。

最后，在历史学家凯文·麦克唐纳（Kevin McDonald）所描述的"结合了加勒比海盗仪式与马达加斯加沿海部族文化习俗的混合文化"背景下，[23]一定程度的政治融合在情理之中——这体现在制作牛肉干、敬酒仪式、歃血为盟（海盗称之为matelotage，马达加斯加人称之为fatidra）上。在下一节中，我会从这个视角来重新审视马耶尔手稿。可惜的是，我们无从得知拉齐米拉荷的同伴们对自身的事业有何构想。但我们确实了解一些他们借以实现大业的仪式，因为民间记忆中详细保存了这些仪式。

最初的挑战

马耶尔的故事是这样开头的。

1712年，拉齐米拉荷18岁，刚刚留英失败，回到富尔波因特（安布纳乌）。他决定，要想动员安塔瓦拉特拉人反抗齐考阿人，唯有通过某种戏剧性的姿态（coup d'éclat）。他派表亲安德里安博拉带着满满一牛角大米去往齐考阿都城，但额头上涂着白色费拉纳（felana），也就是徽记，这是战斗中传统的敌我识别标志。[①]他献上牛角，祝愿王国繁荣昌盛，然后解释道，拉齐米拉荷找祖先商量过了，祖先说拉曼加诺（齐考阿战争酋长）

---

① 战斗中双方会在额头上各自涂有不同颜色的徽记，用以区分敌我。在之后的战斗中，拉齐米拉荷的手下涂白色徽记，拉曼加诺的人涂蓝色徽记。

无权占有北方领土，如果拉曼加诺想与他和平共处的话，就要返回自己的故土——但他补充道，他愿意让齐考阿人继续掌控最南端的港口塔马塔夫，以免他们完全脱离对外贸易。毋庸多言，拉曼加诺以轻蔑作为回应。他没有收下牛角，拒绝做出对等的姿态，还建议拉齐米拉荷马上离开富尔波因特，否则将回赠他"燧石和弹丸"。

拉齐米拉荷连同几名同伴，带着钱和武器逃往圣玛丽岛。

在这番初次交涉中，有几个被此前的解读者忽略的重要方面值得强调。故事中说，主人公的父亲让儿子从伦敦返回安布纳乌／富尔波因特，但没有说明是以什么身份回归的：作者只解释说，他企图煽动当地的马拉塔人或酋长们反叛，但没有成功。但是，当拉曼加诺派使者传信的时候，他并没有将拉齐米拉荷视为一介普通居民：

> 拉齐米拉荷不会获得我的坦得罗卡（Tandroka，牛角）或瓦里（Vary，大米）。我会在适当的时候召唤费拉纳。
>
> 告诉他：拉曼加诺统治着从马诺罗（Manoro）到安贡西（Angontsy）的土地上的众多部落。如果他允许你在富尔波因特立足，那只是考虑到你的父亲曾为他效力；但他身为此地的统治者，从未否认你应尽的服从义务。他知道你是一位有才能的白人之子，但才能掩盖不了一个人外国人的身份。你的母亲只是一位二等酋长的女儿，你没有资格分享权力。但既然你忘记了你的外国人身份和臣民义

务，拉曼加诺要求你放弃富尔波因特，到别处立足。向你祖先的灵魂寻求启示吧，因为你很快就会因你的放肆而遭受惩罚。[24]

如果拉齐米拉荷只是想要继续住在父亲的房子里，似乎不太可能非要获得拉曼加诺的许可。除非拉齐米拉荷不仅仅是个普通镇民——纳撒尼尔·诺思去世[①]几年后，这座城镇依然充斥着活跃和退隐的海盗、海盗的妻子和寡妇、她们的马达加斯加人亲族，以及商人和跟班——而是拥有某种得到官方承认的身份，否则这段话就说不通。他的父亲当年是齐考阿人的盟友，因此，尽管拉齐米拉荷年纪尚小，齐考阿人还是允许他在港口担任某种官方角色，原因大概是他识字、懂语言、熟悉外国人，可以在贸易事务中充当中间人或监督员。

这样一来，传信人是拉齐米拉荷表亲安德里安博拉的事实也有了新的意义。拉齐米拉荷不是以海盗之子的身份示人，而是以"扎菲德拉米索阿族长"的身份，并且以母亲一方的祖先的名义发言；此外，安德里安博拉是拉齐米拉荷母亲的兄弟的儿子，地位本应高于拉齐米拉荷，事实上却是他的信使，也就是下属。因此，拉齐米拉荷实际上同时在做两件事：宣示族长地位，尽管按正常来说，他属于地位较低的"女性成员的后代"世系；拒绝接受齐考阿同盟的权威秩序，不管是他凭借马拉塔

---

① 如果他确实死了的话。他遇害的年份尚无定论，据说在床上杀害他的无名马达加斯加对头甚至有可能是齐考阿人，或者是齐考阿人的盟友。

人身份获得的官职，还是将他列为二等的宏观等级体系。

大卡巴里

　　回到故事本身，这一小队反叛者很快在本岛北方的村庄安毕齐卡（Ambitsika）建立了根据地，此地位于马那那拉河（Mananara River）汇入安通吉尔湾的入海口处。他们的反抗广受赞许，周边氏族的庞加卡纷纷赶来赠送牛羊鸡米。最终，所有人受邀参加了一场大卡巴里。

　　在本书语境下，马耶尔对这次卡巴里的记述中有两点引人注目：第一，大会排除了女性；第二，大会的政治仪式显然融合了马达加斯加人和海盗的习俗。

　　排除女性的这一点表明，齐考阿和贝齐米萨拉卡两大敌对共和国的建立很大程度上都是为了在沿海的"女人之城"中重新确立男性权威。在所有建国大会中，女性都被明令禁止参加。此外，文献似乎也意识到了这是多么不合常规。下页图中是马耶尔的相关论述段落（注意被删除的句子）。

　　事实上，这是马耶尔手稿中民族志色彩最浓的一段话：

　　　　马达加斯加人将任何人出于任何原因召开的有特定目标的会议称作"卡巴里"。有朋友卡巴里、家庭卡巴里、村庄卡巴里、部落卡巴里，还有全省卡巴里。~~女人从不参加~~。

ANNEXE I

EXTRAIT DE MAYEUR NICOLAS, *HISTOIRE DE RATSIMILA-HOE*

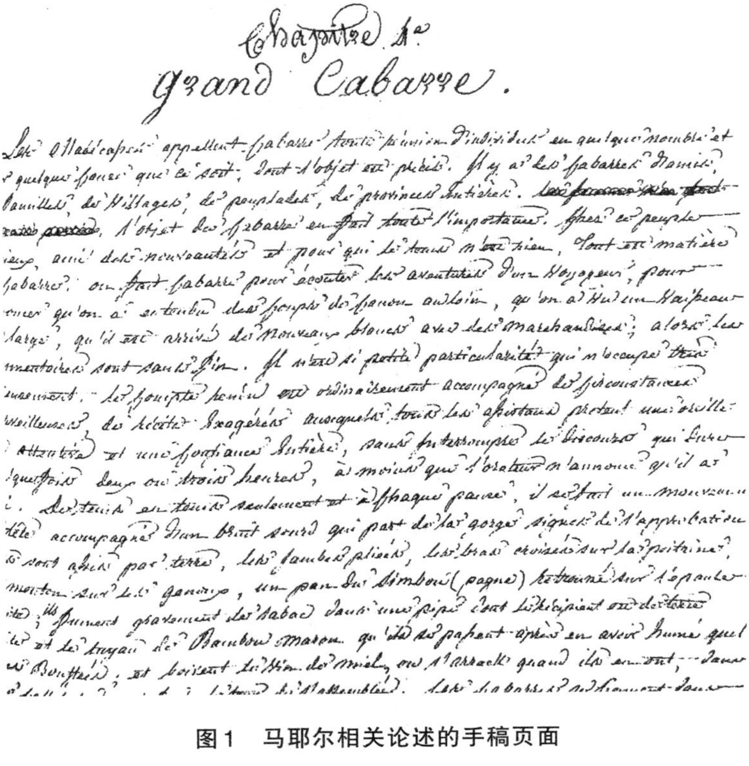

图 1　马耶尔相关论述的手稿页面

一场卡巴里的重要性完全取决于其目的。马达加斯加人好奇心重，喜欢新鲜事，时间对他们不值钱，一切都是卡巴里的素材；卡巴里的目的可能是听旅行者的冒险故事，可能是宣布某人听见远处有炮声，看见岸边有艘船，可能是新的白人带着商品来了；后续的评论无止无休。没有任何事小到不值得认真对待。汇报往往伴随着添油加醋……所有人屈腿坐在地上，胳膊在胸前交叉，下巴搁在膝盖上，右肩搭着一块布；他们面色凝重地抽着一个陶土碗和竹管做的烟斗，抽几口就递给别人；还轮流从一个葫芦瓢里喝蜜酒，有烧酒时就喝烧酒。这些卡巴里在室内举行，或者空间不够的情况下也可以到户外。[25]

这无疑是一幅男性社交的场景，但女性被排除在外这一点明确被写在了删除线之下：作者或者编辑划掉了这句话，因为不管在城里还是村里，女性事实上并未被排除在日常政治讨论之外。贝齐米萨拉卡可能有，也可能没有类似东海岸更南边的塔纳拉人（Tanala）的习俗，就是举行只有女性参加的会议（kabarin'ny vehivavy），来处理女性关心的事务——比如审判侵害女性的案件；[26]但完全将女性从公共讨论中排除的做法极不常见。这句之所以被划掉，是因为它显然不属实，至少作为一般情况来说是不成立的：女性不仅参加日常卡巴里，也参加讨论公共事务、进行审判和试炼的村庄卡巴里。但是，马耶尔手稿中记述的区域性大型卡巴里都没有任何女性出席的痕迹，除非是偶尔被送作礼物、赎回或解放的女奴。这些集会重申了达拉菲菲高于马哈奥，重申了传统男性在战争领域的优越性。

宣　誓

马耶尔接下来讲述了组织者如何按照氏族来组织会场，并按照年纪而非"财富或权力"安排位次。每个氏族都带来一根皮萨卡（mpisaka），那是一根权杖，持杖者有权在会上发言。拉齐米拉荷首先拿起了本氏族的权杖，向大会发表讲话，号召众人收复祖先传下来的土地，齐考阿人正在玷污先人的坟墓。

在长篇致辞的结尾，他大段列举了父亲留给他的大量武器弹药，这些无价之宝在人们心中是一切权力与繁荣的源泉。

在人们的记忆中，没有哪次商议比这更加重大；人人都觉得应该表达自己的观点；有的人被对抗强权的想法吓坏了，那强权尽管得来不正，但毕竟根深蒂固，于是他们倾向于和平；另一些人希望看到故土摆脱不幸，但担心内斗可能会影响他们与白人的贸易。还有一些人歌颂战争，一呼一吸都是战意，并承诺了最美好的结果，这种人数量最多……他们的意见占据了上风。会上最终一致决定开战，安塔瓦拉特拉人（北方人）联军总司令之职被授予拉齐米拉荷。

这样看来，决议是通过漫长的共识寻求过程达成的（组织者知道这件事可能要商讨好几天，于是提前搭建了临时棚屋）。最后，拉齐米拉荷被选为大头人，即"北方人"联盟的战争酋长。如果马耶尔的记载可信，那么论证援引的并非抽象的原则，而只是祖传的权利：这是他们祖先的土地，却遭到外人亵渎；祖坟更是受到了字面意义上的亵渎，墓地被踏平，顶着献祭牛头的纪念柱被推倒，牛头被泥土掩埋。

到此为止，一切看上去都非常传统——尽管应当指出一点，马达加斯加人通常是在创造全新事物的时候才会援引祖先的传统。真正的创新之处在于实际建立新联盟所采用的仪式。

最后一名持杖者讲完后，一群人搬着一个筐出来了。他把筐放在会场中央。他的辛博（simbo，缠腰布）一角卷放着燧石、铅弹、火药、几片从集市捡来的破壶或破盘子的碎片、几枚金银锭或金银币，还有一些生姜。他把若干燧石、弹丸和火药与安塔瓦拉特拉酋长们献上的其他火药放在一起，又从附近的河里取了一竹量（Voule）的水，用刀尖把所有东西搅混，然后示意所有酋长上前。

每名酋长都在心窝处划了一个小口；血液被收集在一片姜上，每个人都从盾牌里的混合物中取了一勺服下，同时宣布，

"我们将服从你，泰姆之子"。

　　"把父辈的遗产还给我们，把我们的港口还给我们，把与白人的贸易还给我们。"宣誓的酋长有多少个，这段话就被重复了多少遍。然后，拉齐米拉荷接过来喝。"我发誓，"他继续说道，"我会将父辈的遗产还给你们，我会将你们的港口和与白人的贸易还给你们，我会将祖先的坟墓还给你们。你们的妻子儿女不会再被抓到白人的船上，你们的丈夫不会牺牲在海滩上，被齐考阿人的火把烧死，或者被齐考阿人的长矛刺穿。"

　　宣誓完毕后，掌誓官再次激动地开口："愿敌人的燧石打不着火，愿敌人的火药不起作用，愿敌人的子弹射不中你们；愿你们永远不缺煎煮的锅！愿你们的牧场上有许多的牛，愿你们的家里有充足的米！"他按照酋长的人数切分了蘸血的姜，每人分得一份，各自吞了下去。"你们饮下了安康的酒，"他继续说道，"现在吃下充满力量的兄弟之饼吧。"每个人都伸出手，回到了自己的位置。

凡是熟悉马达加斯加人起誓与下咒相关文献的人，都会立即识别出其中的大部分细节——姜、混合血液、象征信物。政治盟誓的逻辑通常与fatidra也即兄弟血盟仪式相同，某种程度上也和试炼仪式一致。[27]在每一种情况中，缔盟者都会诉诸神灵，神灵基本上是被召唤出来的，人们认为那是一种异世界的、不可见的暴烈力量，其终极本质无从得知，会在所有违背新立誓言的人身上降下可怕的惩罚。更复杂的仪式中会杀死某只动物，并骇人地加以肢解，将尸体展示给众人，代表背誓者的命运。事实上，这种仪式最早的记载之一就出自约翰逊的《海盗通史》。[28]他描述了安布纳乌海盗船长纳撒尼尔·诺思与一位其他情况不详的马达加斯加王子的结盟，此事肯定发生在拉齐米拉荷的大卡巴里之前几年，而且几乎就采取了上述这种经典形式，双方手指相扣，口称有违誓言者，必将遭受灾祸。①

　　盟誓纪实似乎已经构成了一种独立的口述文学体裁。尽管马耶尔表示，就受访者的记忆所及，贝齐米萨拉卡联邦建国大卡巴里上的讨论名声最著，而且他在手稿中有几处确实复述了来往争论的片段，但盟誓细节占据的篇幅要大得多——我们只能认为，这反映了受访者真实记住且感觉值得复述的内容。正式宣告的话语和上演的姿态，同时相当于独立宣言和宪法；在创生的意义上，新的政治现实经由它们诞生。

---

①　"他们相互发誓要善待彼此，对方的敌人就是自己的敌人，对方的朋友就是自己的朋友；如果违背自己的誓言，就会招来多种诅咒：被长矛扎死，被鳄鱼吃掉，或者被神出手击杀……"（约翰逊，《海盗通史》，第405页）。我偶然注意到，后世的盟誓记载里取消了弹丸、燧石和火药，只有一处显著的例外：最早的高地盟誓记载，出自埃利斯（Ellis）的《马达加斯加史》（History of Madagascar）第1卷的第188—189页。那场仪式与马耶尔描述的这一场依然非常类似，既有咒语，也有健康兴盛的祈愿。半个世纪后，同一地区用马达加斯加语写成的记述（库森，《马达加斯加传统宗教》[Cousins, Fomba Gasy]，第91—95页；卡莱，《马达加斯加贵族传》[Callet, Tantara ny Andriana eto Madagascar]，第831—895页）中已经不见了火枪和祈福，符合现代知情人士自发告诉我的情况。

如果是这样的话，那么格外值得注意的是，马耶尔记述的盟誓仪式——不仅仅是这一次，还有后面记载的贝齐米萨拉卡联邦建立过程中的其他类似仪式——明显偏离了常见的模式。区别主要有两点。

首先，它们显然综合了传统马达加斯加的盟誓仪式和海盗的盟誓仪式。前文已经引用过唐宁书中的一段话，讲到马达加斯加酋长们在圣玛丽岛上让客人喝一杯加了火药的海水，"这种仪式是从海盗那里学来的"。[29]这场仪式里不仅用了火药，还有燧石和弹丸，但火药显然是最重要的元素，因为只有火药是每位酋长都各自贡献了一份的。

其次，盟誓没有采取召唤神灵来惩罚背誓者的通常形式，也没有任何象征性物品代表背信弃义之人要面临的灾祸。这极不寻常。事实上，据我所知，没有任何其他记载中的马达加斯加盟誓仪式，包括我自己做田野研究时耳闻目睹的那些仪式，不是以诅咒降灾为核心的，更不要说完全缺失这个环节了。可是这里，诅咒对象只是盟友的敌人——类似于许多马达加斯加的枪咒（ody basy），祈求敌人的枪哑火；[30]然后，就像在牺牲仪式里一样，祝愿所有参与者健康兴旺。这些要素一般都不会出现在政治契约中。对此只能做这样的解读：它表示正在创建的政治实体本质上并不是一种强制形式，哪怕是自愿承担的责任一经生效后便也具有了强制性——某种经典意义上的社会契约——而是一种将破坏性力量（火枪和火药）转化为共同繁荣昌盛之力的集体行动。

尽管大部分马达加斯加人的政治协定——以及许多非洲的政治协定——确实采取了经典的社会契约形式，[31]但马耶尔描述的贝齐米萨拉卡契约至少看起来有意不走寻常路，并不企图通过以暴制暴来维持社会秩序，而是要将暴力转化为一种完全不同的东西。

拉齐米拉荷称王

我们或许不应该过度引申，因为下一次盟誓的时候，尽管囊括了新元素（诅咒敌人、祈愿共同的繁荣昌盛），但末尾也确实有诅咒。情节快进到新组成的联军南下，包围了设有围栏的港口城镇费努阿里武。齐考阿人显然在城镇附近的大片沼泽地种植水稻，卖给过路的船只。在围城初期的几次遭遇战后，他们被引诱产生了一种安全的错觉，然后就在收割稻子的时候挨了伏击。拉齐米拉荷由此给齐考阿人起了一个嘲笑性的名字——贝塔尼梅纳人，意思是"大红泥"，指的是他们逃跑时身上沾满了红泥巴。（这个名称沿用至今。）凭借一次娴熟的佯攻，北方联军夺取了武希马西纳，而拉曼加诺被困在了山顶上的都城，越来越难维持补给线，只得求和。他提议割让费努阿里武和安布纳乌，但要求继续掌控最南边的塔马塔夫港。

在另一场大卡巴里上，拉齐米拉荷说服尚在犹豫的庞加卡们接受了条件——承诺一旦有任何贝齐米萨拉卡人在塔马塔夫受到任何形式的虐待，战火就会立即重燃。按照和约，贝塔尼梅纳人承认拉齐米拉荷为"富尔波因特之王"（安布纳乌的庞加卡），同时贝齐米萨拉卡人承认他为终身战争酋长：这就是说，一旦发生新的冲突，他将指挥对贝塔尼梅纳人的作战行动。

　　然而，在北方庞加卡们回到各自的家乡之前，拉齐米拉荷及其同伴在安布纳乌组织了最后一场卡巴里，以明确"终身酋长"这一新职位的具体权利义务。马耶尔手稿[32]还是没有详细说明政治安排，而是大段记述了仪式细节。

　　首先，一位参会的庞加卡（他没有说是哪一个）宣称，拉齐米拉荷应当成为终身领袖，职位有权世袭，号为"拉马鲁马农普"（"众仆之主"），所有参会者从此都以"贝齐米萨拉卡人"相称。这一切显然是提前安排好的，因为

　　　　发言人还没讲完，掌誓官就带着盾牌出现了，盾牌上面有金、银、火药和姜，以为信物。所有庞加卡都围上前。他在他们的心口处割开小口。他把血液收集在姜块上，又往容器里倒水，混合成饮液；接着敲击盾牌，让缔约各方把矛尖浸在里面，他自己后退了两步，站直身体，双目望天，口中念道……"百善之上的善神啊，庇佑人民的精灵啊，祖先的好魂灵啊，请为这次众人盟誓做见证，祈求你们青睐忠于盟誓之人，抛弃背弃盟誓之人。"

　　　　盟誓期间，参与者手拉着手，脚尖抵在一起，人人肃静。结束之后，众人分食姜块。接着，盾牌上的饮液被呈到他们面前，每人喝了三勺。第一个喝的人是拉齐米拉

荷，他在把液体送到嘴边时朗声道："安德里阿米索阿之子（Child of Andriamisoa），在神和祖先面前，你饮下对族人的爱、仁慈与庇护；各位酋长，你们饮下服从与忠诚；若你们忠心，愿你们财源广进。愿敌人的火药不发力，燧石不打火，子弹永远射不中你们。愿你们的稻田从海岸延伸到安博希齐梅纳山（Mount Ambohitsimena）之巅，愿你们的畜群覆盖广阔平原，愿你们的孩子像树叶一样繁衍。愿你们永远不缺饮用的水、做饭的锅。"在场的每名盟誓者都重复了一遍这段咒语。

饮毕，盾牌被翻过来扣在地上；他在盾牌上转了几圈，每转一次就说一遍："如果你们不守誓言，就要死于长矛之下，骸骨缝进袋子里。"诅咒就是仪式的结尾，然后所有酋长胳膊挽胳膊，代表集体友善，证明大家都是兄弟，并希望永远为友。[33]

诅咒与挽胳膊的形式几乎与约翰逊笔下同样来自安布纳乌的诺思船长与马达加斯加盟友的兄弟血盟仪式如出一辙。盟誓之后是献祭20头公牛，接着妇女入营，跳舞庆祝，男子唱歌颂扬阵亡战士。

写到这里，马耶尔文本中出了一件很诡异的事。尽管他在这一章的开头就明确表示，开会是为了明确新国王的权力属性（否则，终身酋长就"空有头衔，而无职权"[34]），但他刚描述完仪式，似乎就改变了主意：他插入一段简单说明，指出对马达加斯加人来说，权力本质上是绝对的，只受国王的自由裁量和品性的约束。[35]这似乎不太诚实，尽管很难讲是马耶尔在说谎，还是他的受访者说了谎。拉齐米拉荷确实获得了绝对权力的可能性微乎其微，哪怕只是在原则上如此——就连在马耶尔笔下，他的誓词也和其他所有人的相同——尽管这也符合马耶尔的主张，即整个贝齐米萨拉卡联邦只不过是拉齐米拉荷卓越个人品质的外延。但真相似乎是，实际的谈判和权力明确过程肯定以正式或非正式的方式进行了，只是被略去不表——或者说，充其量有一部分结果被拖到了倒数第二章[36]来讲，那里描绘了拉齐米拉荷的统治方式：例如，他允许所有原来的庞加卡保留基于各地传统的权力，也赋予所有人召集卡巴里的权利，国王会出席，会上可以推翻任何不得人心的措施或决议。

但问题还是没有解决：马耶尔的前后矛盾是作者自己糊涂了，还是反映了贝齐米萨拉卡政权内部的某种更根本的张力？我认为，证据明显指向后者。马达加斯加资料源也经常主张，君主天然便自带无限权力。面对马耶尔这样的外国人，拉齐米拉荷的老战友们无疑会坚持说他也一样。事实上，情况绝非如此。

此时，文本发生了另一个意外转折：拉齐米拉荷最后招来了几名地位显赫的马拉塔人，也就是像他一样的海盗后代，赠给他们大量礼物，还私下保证自己无意挑战他们当前的地位。事实上，马拉塔人既没有出席他的两次大卡巴里，也没有参与大会后的七周战争；马耶尔多次提到其他马拉塔人的"妒忌"

和"密谋",还有拉齐米拉荷担心他们加入敌对方。[37]

记述表明,马拉塔人原本就有特权地位;这是由齐考阿联邦本身造就的,尽管马拉塔人当时并不构成一个内部一致的群体——考虑到他们中最大的人才20岁出头,这也不奇怪。那么,新联邦的组建者为什么要如此重视一个当时还不可能具有特别重要的经济和军事意义的群体呢?

* * *

我认为,唯有牢记整本书中勾勒的大背景,这才能说得通。如前所述,海盗出现带来的第一个结果,就是让一大批有抱负的女子——其中大部分显然出身显赫的世系,因此可以自称"公主",就像当地头领可以自称庞加卡即"国王"一样——得以实质性地控制自己的财富和人脉,并事实上与海盗共同创建了日后支配沿海地区历史进程的港口城市。这项事业的一部分是打破先前占据中间人地位的扎菲易卜拉欣人的权力。拉齐米拉荷本人的母亲当然就是这样一位雄心勃勃的女子——她从未出现在马耶尔的记述中(尽管没有理由认为她当时已不在人世),这一点意味深长。显然,如果海盗妻子的长期目标是让自己的孩子成为新的中间人种姓,彻底取代扎菲易卜拉欣人占据的"外来的内部人"地位,那么这些孩子就很重要,而成功的关键是确保他们中的大多数人内部通婚(或者与其他外国人结婚)。事实最终就是如此。我们可以说,齐考阿人通过向马拉塔孩子授予特权，从而认可了这项事业，甚至承认拉齐米拉荷本人也是其中一环（因为他似乎在安布纳乌具有一定的地位）。通过自我认同为母亲所属的氏族，拉齐米拉荷得以绕开现有地位，对齐考阿人发起挑战，并与其他贝齐米萨拉卡庞加卡通力合作，形成了建立新联邦的愿景；但在这个时间点，他与"马拉塔人"的谈判似乎实际上是在间接地与剩下的海盗及其妻子谈判，向他们保证不会放弃建立新贵族集团的事业。

那么，对于作者不断提到的马拉塔人的嫉妒和幕后密谋，最合理的解释是：这些事讲的不是马拉塔人自己，他们当时大多数只有十几岁，甚至不是他们的父亲，海盗似乎大体上以旁观者的姿态支持这项事业，而讲的是马拉塔人的母亲，她们被明确排除在了各场大卡巴里之外。[①]拉齐米拉荷企图直接对接她们最年长的儿子，以此绕过她们，但或许也是在间接地拉拢她们。

后续事件证实了这种解读。

* * *

短暂的休战过后，战争再次打响。法利亚瓦希（Fariavahy）氏族抱怨自己在塔马塔夫遭受的待遇；协商失败后，双方都纠集了大量兵力，寻求盟友。一场持续多年的战争开始了。贝塔

---

① 我要补充一点，在马达加斯加语里，提及嫉妒、妒忌（fialonana，ankasomparana），尤其是与密谋一起出现的时候，几乎总是暗指"巫术"。

尼梅纳人的要塞瓦朗加若巴托（Varangarombato）遭到长期围困，1720年城破之后，战争方告结束。按照马耶尔的说法，这场战争的形态完全不同于东北地区先前的军事冲突，因为拉齐米拉荷和拉曼加诺都借鉴了来自欧洲的现代技术：以往的战争以夜袭（tafikamainty）为主，但现在两大联军采用了有组织的白昼行军，设立工事据点，并使用围城手段。这些似乎大多数是沿海地区已然常见的军事化贸易的延伸。事实上，大量行动都集中在将牛、米、武器弹药运进被围的城镇和军事据点，以及对这些运输的封锁和拦截上。马耶尔声称——无疑有所夸大——长期作战所集结的兵力多达1万人。但哪怕只是保证几千名士兵在较长时间里的物资供应充足，也需要极其缜密的后勤保障。

　　火枪在战争中扮演了特殊的角色。拉齐米拉荷的一大优势是他自己手里的200支火枪，他在开战之初就将它们精心分配给了各个氏族的代表。此外，如果罗雄神父所言可信的话，那么海盗干预战争的方式就是假装为双方提供补给，实则借机用高价枪支交换战俘，从而把贝齐米萨拉卡俘虏救回来。[38]即便如此，理解火器在这场冲突中的真实作用也是很重要的。

　　前面已经讲过，火枪部件（燧石、火药、弹丸）在仪式中扮演了突出角色：正如牛角里装的大米是和平的礼物，将燧石和弹丸送给敌人则是宣战。两者（火枪的部件和繁荣的意象）都会被用在盟誓中。如前所述，通常意义上的法纳弗迪（魔药）——带给持有者神奇力量的符咒——完全不见于马耶尔的叙述中，尽管马达加斯加的战争中几乎普遍使用魔药，而且我们还知道，关于其他语境下的魔药也存在详细的记载。他也没有提到扎菲易卜拉欣、安泰莫罗、扎菲拉米尼亚或其他已知的活跃于当地且有魔药专长的族群。不过，如果贝齐米萨拉卡联邦的建立者意图打造一个属于男性的战士领域，有意识地对抗笼罩在海盗周围的女性领域（又是达拉菲菲对抗马哈奥），那这一切就说得通了。

我认为可以说，在这些叙述中，火枪是法纳弗迪的替代品。在非常真切的意义上，火枪就是魔法符咒。两者同样神秘，同样来自异域，同样任性，也同样危险。这里应当强调一点，马达加斯加当时能获得的火枪可靠性极差。欧洲商人卖给非欧洲人的一般是二流货，而热带条件更降低了使用火枪的可靠性；火枪常常哑火，或者走火并造成严重后果。在战斗中使用这种武器很像掷骰子：它有可能以无比的迅捷和威力杀死远处的敌人，但也可能在自己手里爆炸。部分出于这个原因，火枪一般会像护身符（ody 或 sampy）一样被摆在阵前，而且首领通常只会让士兵向天放枪，代表战斗开始，或者在两军用标枪和长矛（被称为萨加耶［sagaye］）交战之前先打一轮齐射。[39] 作为指挥官，拉齐米拉荷似乎加入了一些创新，尤其是将相对可靠的火枪集中用于对付守卫防御工事的人，为强攻城墙的人提供掩护。[40] 这种战法似乎是他从海盗身上学到的。[41] 不过，战斗依然以肉搏为主。

一方面，战略主要围绕维持或切断补给线展开，事实上成了贸易的延续；另一方面，战斗依然是经典的英雄式的，充斥着个人壮举、决斗、邀战和叫骂，与荷马史诗、冰岛史诗、毛利史诗中的大差不差。因此，接下来我不讲战役和结盟的往来经过，而是用一段描述让读者对整体气质有一个把握。

英雄搏斗

瓦朗加若巴托围城战的早期，贝齐米萨拉卡一方武艺最强、名声最大的勇士是法利亚瓦希氏族的一个小伙子，名叫安德里阿马赫里（Andriamahery）。

> 他精通矛术，标枪扔得远，擅长使用欧洲火器，更兼勇敢无畏，是贝塔尼梅纳人的劲敌。在每一次突袭，每一次战斗中，他都表现出对荣耀的热爱，渴望夺取一捆长矛，回来后放到爱人的脚下。出于这些有力的动机，他总是站在前列。任何跟随他的人都必将取胜，任何对抗他的人都会遭受失败或死亡。这位马达加斯加人的赫克托耳还没有遇到他的阿喀琉斯，拉曼加诺已经数不过来有多少贝塔尼梅纳人死在他的手里了。[42]

他指出，安德里阿马赫里本人还没有宣誓效忠，但他忠心耿耿，拉齐米拉荷暗自信任他。有一天，拉齐米拉荷命令他佯攻某处山上的哨所，他则带着大部队去截击运输队。

　　国王离开了。安德里阿马赫里从命。行动开始。哨所长官是一位非常勇敢的老人，名叫曼德里雷兹（Mandrirezy）。他看见气势汹汹的安德里阿马赫里走在手下的前头，扫荡一切挡路者；曼德里雷兹恼火于上次战斗受了伤，旧伤可能会妨碍他与敌人对抗。他的四名手下已经倒下了。翻越栅栏时又牺牲了三个，翻越过后死了第四个。

　　曼德里雷兹忍受不了这番景象。"发疯的公牛，"他说，"你的双角今天要触地；我要把它挂到贝塔尼梅纳人坟墓的柱子上！"他说着拿过一捆标枪，从围墙里面投出去，然后背靠长长的萨加耶站着。

　　安德里阿马赫里看见了他。"你在那边干什么呢，老人家？"他说，"你为什么不在屋里对家人演说？那才是你该待的地方。看，这个东西会让你后悔离家。"说着，他就用有力的臂膀投出了一根标枪，接着又是一根；两根都击中了曼德里雷兹的盾牌。第三根刺穿了他的缠腰布，让他难堪。曼德里雷兹把它拔了下来。

　　"为什么？"他说，"为了这个。"他抓起标枪，向敌人投了回去。"为了让你对死人演说！"[43]

这种相互嘲讽是英雄搏斗的特色。两位杰出勇士正面交锋时，周围的活动往往会完全停止。这里的情况正是如此：

标枪飞了过来，击中安德里阿马赫里的盾牌，打得盾牌往地面一斜；这时，两人都只剩下了大萨加耶，他们朝对方走去，怒气冲冲地使出重击。盾牌碰撞的声音从远处就能听到。声响极大吸引了战士们，他们停止射击，驻足观战。[44]

但是，战况发生了意外的转折。安德里阿马赫里在用力一击时被绊倒，摔在了对手的长矛上；曼德里雷兹马上抓起他的尸体，越过栅栏，将其拖回己方军营。就在这个时候，两军得知了下面发生的另一场决斗。拉齐米拉荷在树林里发现了贝塔尼梅纳人运输物资的独木舟队，冲动地跑进河里，与拉曼加诺亲自交手几个回合。之后，拉齐米拉荷的手下几乎将他团团围住，用一面破板子挡住了如雨的标枪，这才把他救出来。

拉齐米拉荷获救后想起了安德里阿马赫里的佯攻行动，赶回去时却只听到他的死讯：

听闻致命搏斗的事情后，所有复仇计划都动摇了。安德里阿马赫里不再需要帮助了，但安德里阿马赫里的尸体必须归葬祖坟。他死得很勇敢。总有一天，贝塔尼梅纳人也会为他哭泣；但现在，他的尸体在敌方手里，成了野兽的猎物、敌人的笑柄。想一想就可怕至极，这种感受吞噬了英雄灵魂中的其他一切情感。他只想领回安德里阿马赫里，于是遣使索要。

曼德里雷兹回复说，安德里阿马赫里属于他，因为他打败了他；他不拿到赎金不会交人。

"你要什么？"

"一百头牛加十个奴隶。"

"这么高的价钱，你可真走运。"

"我不是走运才碰上他的。我要一百头牛加十个奴隶，不然我就把他肢解掉，分块卖。"

"安德里阿马赫里没有父亲，没有兄弟，家里只有母亲和一个姐妹。"

"他仍然是法利亚瓦希氏族的人。他们如果赎不回人，就会受到唾弃。"

"我不是安德里阿马赫里的父亲，也不是他的兄弟。我不是法利亚瓦希氏族的人。但我会赎回他。明天日出时，我会付给你一百头牛加十个奴隶。"

"我要你保证会给我一百头牛加十个奴隶。"

"我保证会给你。"

"奴隶由我挑吗？"

"奴隶由你挑。"

"带走安德里阿马赫里吧。小伙子是个勇士。可惜了。"

"他会归葬先父的坟墓。"[45]

接下来描述了下葬。在战斗期间，安德里阿马赫里的母亲和姐妹①按照贝齐米萨拉卡习俗为族中男子跳舞，鼓舞士气，累得筋疲力尽。现在，她们在家人和奴隶的环绕下给他戴上"链子、耳环、拉马鲁马农普给的珊瑚金项链"[46]，还有七层缦布。黎明前两个小时，她们把他临时放在一截劈开的树干里，伴着哀歌和对死者功绩的颂扬，在得到曼德里雷兹的许可后，将他埋在了死去的地方。②

这一切都表明，女人其实并非不上战场，只是处于边缘地位，以至于叙述者很少觉得有必要提到她们。战争持续多年，受到影响的人甚多，这必然会整体影响男性和女性的权力均势。

第二天上午：

拉马鲁马农普下令按照约定，将一百头牛送到两军营地之间的空地上。五十名奴隶跟在后面，供曼德里雷兹挑选。曼德里雷兹出来了，把一百头牛牵回了贝塔尼梅纳人的围栏后面，接着挑出了十名原本是他手下的人。

"我看你说话算数，"他告诉拉马鲁马农普，"所以终有一天我会跟你宣誓。一具蛆虫啃食的尸体，换来的财宝可真不少啊！"

"是为了一名勇士的尸体，"国王答道，"他值这个价。"

"我要你的牛是因为我用得上，我要你的奴隶是因为他

---

① 前面提到的爱人情形不详。
② 文中写道，尸体日后会用新的布裹起来，转移到祖坟中，然后照常立起一根牺牲柱——此举预示了后来高地的翻尸节（famadihana）。

们是我的人。但我可以卖牛，也可以卖奴隶。我把他们许给你，为了刚挖起来的土。"他用手指着安德里阿马赫里的墓地。

"留着牛和奴隶吧，他们是勇气的价格。"

"我会报偿你的，因为我有钱；我会给你送来，好让安德里阿马赫里的家人在他的墓地上献祭，因为我没看见献祭的刀，也没看见下葬的宴席。"

"慷慨的敌人啊，我终有一天会跟你宣誓，我会这样做的；我会收下你的礼物，一起在逝者的纪念之石上开宴。"

说完这些话，两位英雄握手作别，分别回到自己的军营。对抗在夜里停止了。[47]

大度的姿态，慷慨的礼物，这些就像夸耀和决斗一样，正是英雄做派的本质。马耶尔很了解与荷马的共鸣（他一度甚至将两人比作阿喀琉斯和赫克托耳）——但这些细节过了五十年还有人记得，这表明英雄题材确实存在于马达加斯加，而且在人们的记忆中，在那场战争的年代，个人可以凭借纯粹的自身品质立下影响深远的功业。安德里阿马赫里之死的前后事件似乎被认为具有特殊的意义，因为它预示着贝齐米萨拉卡人和贝塔尼梅纳人终将和解，最后融为一体。当故事以和平告终的时候，马耶尔负责任地指出，当时曼德里雷兹已经去世了，他的儿子扎希姆波伊纳（Zahimpoina）履行父亲的誓言，献给拉齐米拉荷一百头牛和十个奴隶，偿还赎金。拉齐米拉荷全额支付了安德里阿马赫里的迁坟和葬礼费用。葬礼在氏族墓地的纪念石上献祭了二十头牛，使安德里阿马赫里的遗体变得神圣。[48]

故事始于坟墓，也终于坟墓。拉齐米拉荷的第一次演讲强调齐考阿人系统性地玷污了北方人的祖坟；战争结束时，数千名战死者的遗体被转移到了这些坟墓中。墓地如今焕然一新，成了新建立的民族的物质脊梁。大量海盗财宝从活着的人身上被移交出来，外加海盗自己的妻子和女儿手里的商业账户，它们都进入了英雄互赠礼物的循环之中，最终与死去的英雄埋葬在一起，就此成为一种记忆的丰碑，新生的贝齐米萨拉卡民族以此为中心团结起来。

宫廷与王国，以及扎纳马拉塔人的崛起

显而易见，还有大量财宝最终流入了安布纳乌的新王宫，后来此地逐渐得名富尔波因特。（国王在附近的费努阿里武设有别宫。）现在应该能看得很明白了，这个时期——从亨利·埃弗里和约翰·普兰廷到拜纽夫斯基伯爵——的东海岸有能力维持强大宫廷的光鲜表象，遍布全副武装的卫兵和珠光宝气的侍从，但这并不能说明"君主"的实际权力。至少，如果我们用动员周边人口来提供仪式劳役和物质资源的能力来衡量"权力"的话，这就是实情。鲜有证据表明，拉齐米拉荷能够在任何意义上动员人口，除了在外敌入侵的时候召集部队，这与其他的战争酋长别无二致。他确实试图改善交通，在每个大村设立仓

储体系，以便储存出口大米，并供给旅客，他还鼓励增建道路。但是，公共粮仓原本就存在，而向港口运送大宗货品一贯是与军事职能重叠的。最后，马耶尔表示，尽管各地庞加卡都要将储备的一部分——他估计大约是总量的十分之一——送往首都的拉齐米拉荷私人仓库，但他也强调，这件事由庞加卡们自行决定，因此这套制度大体上属于自愿。[49]

尽管拉齐米拉荷身边有一些庞加卡世系里的年轻人担任"信使"，他也会让亲信奴隶来管理自己的库存物资，但这似乎是任何官员都有的权限。他没有常设的酋长议事会，也没有迹象表明拉齐米拉荷曾企图建立任何类似梅里纳人"法诺波阿纳"（fanompoana）的制度，也就是根据每个世系群为君主提供的特定仪式服务类别对它们进行等级排序。氏族始终不分贵贱。如前所述，考古学家没有发现定居点存在等级制度的证据；三级庞加卡制度再也无人提及。没有迹象表明，扎菲易卜拉欣人或其他仪式专家得到了制度性的承认或特权——他们的降格似乎是永久性的。

唯一的例外当然就是马拉塔人自己，也就是后来的扎纳马拉塔人。到了战争后期，拉齐米拉荷专门允许他们当中达到参军年龄的人组建自己的小分队，并尽可能安排他们担任指挥职位，还有关键的一点是，他允许马拉塔人成为一个免于发誓的阶层，而所有其他贝齐米萨拉卡人，当然也包括他自己在内，都受到誓言的约束。[50]这最后一点特别值得注意，因为政治社会事实上就是靠这些誓词缔造的，马拉塔人就这样游离在外，成了某种永久的异邦人贵族。

随着时间推移，这种情况越发真切。如果说创建贝齐米萨拉卡联邦可以被视为男性对与海盗结盟的自主女性的反击，那么马拉塔人的崛起或许可以被视为对反击的回应。如果我们不从国王本身，而是从拥立他称王之人的角度来看问题，那么拉齐米拉荷与其他马拉塔人之间其实并无区别。他的父亲只是一名普通水手，他母亲的氏族也不比其他氏族更显赫，他继承的财宝固然不少，但没有迹象表明只有他一人如此，再说等到战争结束的时候，他几乎把所有私产消耗一空。于是，随着其他马拉塔人的长大，他们的母亲和母系亲族似乎尽全力让他们成为与拉齐米拉荷相仿的人物，也就是被枪炮、奴隶和海外奢侈品环绕的勇猛战士，同样能够与外国商人和其他来访者熟络交往。无论如何，这都能解释柯西尼等来访者在18世纪30年代的迷惑记载。他们坚持认为，拉齐米拉荷只是众多马拉塔酋长之一——更有甚者，可能是拉齐米拉荷自己为了捉弄唐宁准将，才暗示自己的父亲是最有名的大海盗。

他们的母亲似乎也尽力确保马拉塔人内部通婚。这当然至关重要，因为开战初期那些零散的、各不相同的少年由此转化为一个真正的社会阶层——扎纳马拉塔人（意即"马拉塔人的子辈"），最终又成为扎菲马拉塔人（"马拉塔人的孙辈"），这个称呼沿用至今。该群体后续的历史[51]有丰富的潜在研究价值，有待未来的发掘——出于某些原因，没有人对扎纳马拉塔人做过系统的民族志研究，也没有人整理他们的口述传统。不过，根据阿尔弗雷德·格朗迪迪埃的《马达加斯加民族志》（*Ethnographie de Madagascar*）——它依然是我们迄今掌握的最详尽的相关资料，这多少有些令人震惊——记述，扎纳马拉塔人的各个世系逐渐成了大多数贝齐米萨拉卡氏族内的支配世系。[52] 与此同时，扎纳马拉塔人整体上会刻意让自己区别于贝齐米萨拉卡人，不同的扎纳马拉塔家族会公然拒绝某些典型的贝齐米萨拉卡生活方式，以此凸显自己的不同：或是不遵守下田劳动时的常见性别分工，[53] 或是不给家里的男丁行割礼，[54] 或是跳过临时下葬的习俗，而直接将死者葬入祖坟。[55] ① 换句话说，当地每个族群都有本地的异邦人王公阶层，或者用我的说法叫"外来的内部人"，他们对马达加斯加邻居来说是外国人，但对外国人来说是马达加斯加人。

* * *

矛盾的是，这一小群异邦人王公的繁衍最终似乎并没有削

---

① 希拉（Sylla）在《马拉塔人》（"Les Malata"）一文中提到了拒绝割礼，但认为这是所有海盗后裔的典型做法。布洛赫（Bloch）在《历史问题》（"Questions historiques"）中采纳了此说，提出扎纳马拉塔人因此本质上拒斥父系制度，而仅仅通过"寻求母系祖源的庇佑"来创造亲属关系（另见穆扎尔，《领地、轨迹与网络》[Mouzard, "Territoire, trajectoire, réseau"] 等）。但事实上，格朗迪迪埃原文的表述要低调得多，因为他只列举了某些世系（扎菲拉贝、扎菲巴拉、扎菲德拉米索阿，还有安通吉尔湾沿岸和费努阿里武周边的其他一些群体）（穆扎尔，《领地、轨迹与网络》）。这份名单有蹊跷，因为末尾的群体最初根本不是起源于扎菲马拉塔人，而是拉齐米拉荷母亲的世系。

弱，反而促进了社会整体的平等。"贝齐米萨拉卡"最初是一个政治联盟的名称，后来成了全体人民的称呼（我这里说的"人民"取的是马达加斯加与其他地方都很常见的一种双关用法，既是指所有人，也是指所有其他人，也就是说，既代表全体人口，同时也特指精英阶层以外的人）。这里似乎呈现出分裂演化（schismogenesis）的进程：海盗的后裔试图将自己与平民区分开来，而那些越发以贝齐米萨拉卡自居的人又反过来将自己界定为海盗后裔的对立面。例如，据希拉（Sylla）记录，[56]许多扎纳马拉塔人又开始引进宰牛的仪式专家——这里是扎菲拉米尼亚人，而不是扎菲易卜拉欣人——没有经过仪式处理的肉他们一概不吃；或许是作为回应，贝齐米萨拉卡人形成了一种独特的习俗，每个小世系会选出一位长者，称"汤加拉梅纳"（tangalamena），这是一个纯地方性的仪式主持者，沟通生者与死者，专职宰牛献祭。[57]日常生活中更微妙的层面上似乎也是如此：随着旅行者的描述开始强调马拉塔小王公的傲慢暴虐，他们也越发赞扬贝齐米萨拉卡人发自内心的随和，还有温柔自谦的举止。

在马达加斯加有一条通则：平等主义是想象中的绝对权力的副产品。梅里纳国王安德里阿那波因梅里纳（Andrianampoinimerina）曾说过，他的臣民一律平等，因为他们都臣属于他。热拉尔·阿尔塔贝（Gérard Althabe）[58]曾详细论证过这样的动态过程在殖民时代的贝齐米萨拉卡村庄是如何运行的：例如，在特隆巴（tromba）仪式中召唤死去的国王。贝齐米萨拉卡人与扎纳马拉塔人的关系似乎也是如此。相对于扎纳马拉塔人，其他所有人事实上都是平等的。随着时间推移，这种平等逐渐产生了自身独立的价值。

最后，扎纳马拉塔人的地位基于财富和海外人脉，这使得他们内部几乎没有可供分化的基础，也导致了拉齐米拉荷宫廷迫在眉睫的合法性问题。个人魅力似乎足以维持他在世期间的宫廷运转，但他似乎很清楚，他的地位极难传给子孙。他的解决办法是——属于马歇尔·萨林斯所说的"上溯贵族"（upwards nobility）的大传统——与新的远方神秘力量来源联姻。拉齐米拉荷撮合了一场与萨卡拉瓦族博伊纳王室的盛大联姻，他多年前曾在那里辅佐过国王。如此一来，他的儿子和继承人就可以宣称继承了两个不同的王室血脉。他不许女儿贝蒂亚（Betia）[①]与其他马达加斯加人睡觉，就连马拉塔同胞也不行，却积极鼓励她与造访宫廷的欧洲人发展关系。两件事都造成了灾难性后果。萨卡拉瓦公主玛塔维后来成为拉齐米拉荷的正妻，她觉得贝齐米萨拉卡本质上就是一个假宫廷、假王国。她的鄙夷之情很快就尽人皆知，她开始行使公主正常的性自由权利，以至于达到丑闻的程度。据说，她的做法破坏了两人的儿子和继承人扎纳哈利的合法性，因为人们认为谁都有可能是扎纳哈利的生

---

① 贝蒂亚是贝齐米萨拉卡的共治女王，父亲是拉齐米拉荷，母亲是萨卡拉瓦族博伊纳王室的公主玛玛迪翁（Mamadion）（《马达加斯加：纪念瓦考阿女王贝蒂亚》，《毛里求斯快讯》["Madagascar: Hommage à la Réine Betty à Vacoas", *L'Express Maurice*]）。

父。贝蒂亚最后疯狂爱上了一位名叫拉比戈尔内（La Bigorne）的法国下士和东印度公司特派员。他利用了她盲目的忠诚，到处破坏王国的稳定。

最后，拉齐米拉荷据说死于纵欲和酗酒。这引发了他妻妾之间的一连串致命冲突，目的是追查谁是毒害先王的凶手。[59]这似乎是一个丑陋的结局。但在人们的记忆中，他在位期是黄金时代，事实确实也是如此。不管他的同伴和盟友们在建立权力分散的冒牌王国的过程中做了何种安排，这些安排似乎都成功维持了三十年的全国和平与繁荣，基本结束了奴隶贸易的残害。这一切不是因为他们建立了一个类似现代民族国家的政权（这是德尚等殖民史研究者的看法），而恰恰是因为他们没有这样做。如果这是一场历史实验，那么至少在一段时间内，它取得了惊人的成功。

结　论

　　神与人是形影不离的伙伴。有一天，神对人说：你为什么不去地上走一遭，好给我们找些可以聊的新话题呢？

　　　　　　　　　　　　　　　　——一则马达加斯加民间传说的开头[1]

　　我开篇论证道，17世纪和18世纪世界的思想躁动程度要远远超过我们通常的想象。所谓的"启蒙思想"或许是在巴黎、爱丁堡、柯尼斯堡①、费城等城市得到充分阐发的，但对话、争论、社会实验在全世界纵横交错。大西洋、太平洋和印度洋的海洋世界在其中扮演了特殊的角色，因为最活跃的对话想必就发生在船上和港口城镇里。当然，这些对话的99%已经永久遗失了。1720年在咆哮湾建立据点的海盗到底有没有（如克里斯托弗·希尔所说）受到1649年阿比泽·科普（Abiezer Coppe）写的《激愤鼎沸之声》（"Fiery Flying Roule"）的影响？我们完全无从得知。同理，最先在圣玛丽岛上迎接海盗的扎菲易卜拉欣人果真如他们自称的那样，是也门犹太人的后裔吗？沿海

---

① 俄罗斯西部城市加里宁格勒的旧称。——编者注

地区的神灵观果真受到了伊斯兰教诺斯替派的影响吗？我们也永远无法确知。但我们不了解的只是具体细节，完全有理由相信，人、物和思想经常从跨越印度洋乃至更远的地方来到马达加斯加；这座岛屿早就是政治流亡者、宗教异见者、冒险家和各种奇人异士最可能去避难的那种地方——如果马达加斯加后来的历史可供参考的话，那他们确实来到了这里避难。

新人来到马达加斯加后，要花一大部分时间用来与原住民对话。我们有把握这样说，不仅因为对话是人类在任何地方的主要活动形式之一——纵观历史，所有人类都将主要时间分配给劳作、娱乐、休息和讨论——也是因为马达加斯加人特别重视交谈这门艺术。马耶尔写道："马达加斯加人好奇心重，喜欢新鲜事，时间对他们不值钱，一切都是卡巴里的素材。"[2] 从严肃大会到日常亲友聚会构成了一个连续体。事实上，任何文化中的人都会，或者说应该会享受磋商、辩论、俏皮话、讲故事和优雅修辞之乐。而且对于熟悉当地语言、能够听明白的外国人来说，它们往往也取得了这样的效果。

1729年，一本标题叫《马达加斯加：罗伯特·德鲁里十五年岛上俘虏生活记》(*Madagascar; or, Robert Drury's Journal, During Fifteen Years' Captivity on That Island*) 的书在伦敦出版，作者据说是一名英国船舱服务生，船在马达加斯加以南遭遇海难后，他在岛上做了多年奴隶。历史学家对此书真伪争论多年。甚至有人主张此书实为丹尼尔·笛福所写。最后是考古学家迈克·帕克·皮尔森（Mike Parker Pearson）[3] 一锤定音。他证明，书中的许多地理细节非常准确，除非是真在岛上相应区域生活过的人，否则不可能知道这些情况。就我自己而言，我是在1991年从马达加斯加回来之后不久读到这本书的。我注意到，当作者讲马达加斯加妻子的魅力时，专门提到她"言谈讨喜"，[4]还说他回到同胞之间后发现与欧洲女人讲话远没有那么有趣，遂感失望。[5]我当时就确信这本书是真货。没去过马达加斯加的英国作者不可能编出这样的话。但我一读到就能立刻产生共鸣。在马达加斯加，人们认为性吸引力与言谈技巧密切相关，两者都造就了马达加斯加文化的独特魅力。

这一切之所以重要，是因为马达加斯加文化的起源至今仍是一个谜。人们一度认为，最早在马达加斯加岛上定居的是一群来自加里曼丹岛的刀耕火种的农民，他们扩散到马达加斯加全岛，并逐渐融合了后来的来自非洲大陆的移民潮。考古研究[6]发现，实际情况要复杂得多。最早在马达加斯加定居的人并不是一个同质化群体，后来传播分化，而似乎是多个彼此几乎没有共同点的群体——马来商人及其仆人、斯瓦希里城镇居民、东非牧民、各类难民、逃亡奴隶——而且在定居后的最初几个世纪里，他们基本上各自独立生活，并未构成单一社会。到了某个时间，大约是11世纪或12世纪前后，某种融合发生了，我们现在视为马达加斯加文化的大部分典型特征和模式出现了，并开始在全岛扩散。这个新的文化网格极其成功。在几个世纪间，局面就和今天的相差无几了：一个生态无尽多样的广阔岛屿，全民几乎都讲同一种语言的各种变体，讲同一批故事的各种变体，人一辈子的各种仪式大同小异，并在其他方面有着同一种文化网格下的上千种地方实例。我们不知道这是如何发生的。这当然不是有意识的政治规划的结果，至少不是自上而下的政治规划：当时没有任何统治者有统一全岛的能力，更不用说将一套文化强加给各个部族了。一定要说的话，这似乎建立在对港口城市文化——礼教和一神教——的普遍排斥之上。[7]成为马达加斯加人似乎就是要明确否定海上外来者的生活方式，当年和现在都是这样。我们不知道这种新的文化网格是如何囊括了这座跨度达1000英里的岛屿上的几乎每一个人的，但无论如何，性和言谈都必然发挥了核心作用。

至今依然如此。一千年来，外人来到马达加斯加，然后基本被同化。也并非所有人都是如此。有人短暂停留后离开；也有人游离在小小的区域内，比如"海民"。但是，绝大部分成了马达加斯加人，他们的后代如今在大多数方面与其他人没有区别。再说一遍，我们并不完全理解这段历史的发生过程。例如，移民似乎在所谓马达加斯加"族裔群体"的产生中扮演了关键角色，但方式可能与一般人的设想不同。因为岛上的语言差别很小，所以区分的依据一般要么是地理位置（"沙漠人""森林人""渔民"等），要么基于一些群体的自我界定——它们将自己定义为特定的"外来的内部人"阶层的反面，那些阶层例如安泰莫罗祭司王，他们自称穆斯林，但没有《古兰经》，只有用阿拉伯字母写的马达加斯加语魔法书，又比如建立了萨卡拉瓦族博伊纳和梅纳贝王国的冒险家王朝。[8]他们总被人民视为外来者，而人民正是通过与他们的对立来定义自身：所有为扎菲波拉梅纳王朝效力的人都自视为萨卡拉瓦人，尽管他们在任何时候都分裂成大大小小的王国，尽管统治者并不是萨卡拉瓦人；而所有与扎纳马拉塔人生活在一起，并通过与扎纳马拉塔人对立来定义自身的人都是贝齐米萨拉卡人，尽管扎纳马拉塔人自己并不是贝齐米萨拉卡人。

真实的利博塔利亚之二：贝齐米萨拉卡联邦

从这些情况来看，马达加斯加孕育启蒙政治实验的可能性似乎很低。那么多外来者都被新兴的马达加斯加文化成功吸引和同化，这种文化的秉承者至今仍为它的吸引力感到自豪，在这样的事实面前，我们不应简单认为这个文化网格只是消灭了它遇到的所有差异。马达加斯加社会以自身特有的方式保持着极高的国际性。我们知道从爪哇到阿曼的印度洋各地的人都曾来到马达加斯加，因此他们肯定与遇到的当地人进行了许多长时间的对话，外出游历后归乡的马达加斯加人也是如此。当然，这些对话几乎全部无从得知了，最多只留下了极其模糊而不确切的痕迹。大多数情况下连这种痕迹都没有。我们只知道对话肯定发生过。

本书真正想要达到的目标，其实就是从这个角度重新审视马达加斯加海盗的历史和贝齐米萨拉卡人的兴起。海盗船笼罩在各种凶悍恐怖的故事中——我们甚至可以说，这些故事就是海盗的武器和盔甲——但在船上，他们似乎是通过对话、商议和辩论来处理事务的。像圣玛丽，尤其是像安布纳乌这样的定居点似乎是自觉地企图在陆地上复制这种模式，一面用狂放的海盗王国故事威慑潜在的外国朋友或敌人，一面用心在内部发展平等商议式的流程。但是，定居、与雄心勃勃的马达加斯加女性结盟、建立家庭的过程本身，将海盗卷入了一个全然不同的话语的世界。我的论点是，马达加斯加公主用"奥迪菲提亚"（爱情魔法）引诱海盗上陆的故事的真正含义正在于此：卷入马达加斯加社会的生活必然意味着进入一个无休止讨论、揣测和争论隐秘力量和意图的世界，而在这个新的话语世界里，本土女性显然占据上风。（当然，正如默文·布朗指出的那样，如果有海盗真的试图打破这个言谈的世界，单纯诉诸暴力，那杀掉他也是轻而易举的事。）

这进而导致许多马达加斯加男子试图建立属于自己的独立话语圈子：完全禁止女性参加的大卡巴里。我强调过，我们实在不知道这些男人是谁，名字叫什么，生平如何。主要推动者似乎是虽然年轻，但了解外部世界的人。有些去过伦敦和孟买。许多人很可能至少有基础的法语或英语水平，少数可能还旁通其他语言（阿拉伯语、斯瓦希里语等）。有些人甚至可能识字。有一件事是确定的：他们中的大多数人投入大量时间与活跃或退隐的海盗交谈，讲故事，揣测他人的动机，交流关于金钱、法律、爱情、战争、政治和有组织宗教的观点。他们还有很多机会观察海盗的行事之道，并将之与其他更熟悉的方式做比较。

联邦的组织架构的首要来源就是这些对话，包括只有在战斗中才能真正发号施令的假中央独裁者、海盗誓词和民主决策。

正如海盗自己在安布纳乌等据点进行的实验一样，设计贝齐米萨拉卡联邦至少有部分用意是要给外人留下深刻印象。只要考察一下前面讲过的时间线就能看出来。联邦成立的时机恰恰是英法对海盗王国和海盗乌托邦讨论最热烈的时候。联邦最初成立于1712年，当年查尔斯·约翰逊（Charles Johnson）的《成功的海盗》（*The Successful Pyrate*）一剧在伦敦首演，剧中虚构了亨利·埃弗里的手下在马达加斯加建立王国的情节；它被普遍认为是第一部将霍布斯和洛克关于建国的早期启蒙思想呈现在大众面前的剧作。在战争结束的1720年，丹尼尔·笛福推出了自己的第一本讲埃弗里的书。一年后，孟德斯鸠出版了《波斯人信札》，该书被认为是法国启蒙运动的第一部重要著作。交战期间正是海盗使节——或者说冒充海盗使节的人——接触欧洲各国君主，寻求盟友之际。这一切都是当时欧洲各地的谈资吗？显然是的。我们还应该记住，启蒙运动是一场与交谈形式有特殊联系的思想运动；这不仅适用于萌生启蒙思想的沙龙和咖啡馆，甚至还适用于启蒙运动发展出的文风，特别是在法国——这种文风诙谐、轻松、有对话性，仿佛背后有一种信念在推动，即所有棘手的社会和学术难题都可以在思想探讨的朗朗日光下消融。路易十五时期巴黎的沙龙里会讨论海盗王国和海盗乌托邦吗？很难想象不会，因为当时几乎其他所有地方都在讨论它们。这些讨论如何影响了沙龙的一部分出席者，以及他们关于自由、权威、主权和"人民"本质的（对他们来说）革命性的结论？对此，我们只能猜测。我在本书中只是想要指出一点：直到现在，我们甚至都没有提出过类似的问题。我们建构的理论话语几乎抹杀了提出这种问题的可能性。但是，如果按照我提出过的看法，[9]政治行动最好被定义为影响了至少一部分不在场的他人的行动——也就是说，通过相关谈论、故事、歌谣、绘画、文字或其他表现形式来影响他人——那么，17世纪与18世纪之交马达加斯加东北沿海的海盗、女商人和庞加卡正是最完全意义上的全球政治行动者。

附录：海盗与启蒙年代对照表

马达加斯加发生的事件	欧洲发生的事件
1690 年——弗雷德里克·菲利普资助在马达加斯加建立圣玛丽岛殖民地，管理者是亚当·鲍德里奇（7月 17 日抵达）。	1690 年——约翰·洛克出版《政府论》。
1693 年——托马斯·图乘坐"友爱号"（*Amity*）抵达马达加斯加（10月 19 日）。	
1694 年——亨利·埃弗里领导"查尔斯号"（后更名为"幻想号"[*Fancy*]）哗变后当选船长，前往马达加斯加。	
1695 年——亨利·埃弗里和托马斯·图的手下夺取了"穆罕默德胜利号"和"奇宝号"，按照莫卧儿宫廷的说法，战利品价值达 60 万英镑。图在战斗中死亡。	
1696 年——承担镇压海盗任务的威廉·基德船长自己当了海盗，现身圣玛丽岛，为"冒险帆船号"（*Adventure Galley*）招募船员。	1696 年——亨利·埃弗里被宣布为"人类公敌"，成为世界上第一个国际通缉犯。
——罗伯特·卡利福德（Robert Culliford）以马达加斯加为基地，劫掠印度洋上的船只。	
——安塔诺西王国残部被海盗亚伯拉罕·塞缪尔降服。	
1697 年——年底的起义摧毁了圣玛丽岛要塞，还有其他几处定居点遇袭；鲍德里奇逃往美国。	

（续表）

马达加斯加发生的事件	欧洲发生的事件
1698 年——鲍德里奇的继任者爱德华·韦尔奇抵达圣玛丽岛。	1698 年——《东印度法案》通过；英国派远征队讨伐马达加斯加海盗。
——威廉·基德俘获亚美尼亚船只"奎达商人号"（*Quedagh Merchant*）。	
1699 年——纳撒尼尔·诺思当选"海豚号"（*Dolphin*）舵手。	
1700 年——据约翰逊《海盗通史》记载，米松船长建立利博塔利亚。	
	1701 年——威廉·基德船长受审并被处死。
1703 年——纳撒尼尔·诺思定居安布纳乌，当选马达加斯加"海盗船长"。	1703 年——两艘英国战舰巡航马达加斯加海岸寻找海盗活动，但一无所获。
1704 年——托马斯·怀特以马达加斯加为基地，劫掠红海船只。	
1705 年——"查尔斯号"驶往马达加斯加；约翰·哈尔西（John Halsey）当选船长。	
——开普殖民地报告马达加斯加估计有常驻海盗 830 名。	
1707 年——纳撒尼尔·诺思短暂重返海上，当选"查尔斯号"舵手。	1707 年——丹尼尔·笛福的第一篇关于亨利·埃弗里的文章发表于《评论》。
——托马斯·怀特在马达加斯加死于酗酒。	
1709 年——纳撒尼尔·诺思返回安布纳乌。	1709 年——《马达加斯加之主约翰·埃弗里船长生平历险记》在伦敦面世，书中说埃弗里娶了莫卧儿皇帝的女儿。
1710 年——开普殖民地报告，马达加斯加仅余 60 至 70 名"悲惨困苦"的海盗。	
——拉曼加诺当选齐考阿联邦首领。	

（续表）

马达加斯加发生的事件	欧洲发生的事件
1712 年——拉齐米拉荷建立贝齐米萨拉卡联邦；与齐考阿的第一场战争。	1712 年——"海盗使节"接触法国国王路易十四无果。
	——查尔斯·约翰逊的《成功的海盗》一剧于伦敦首演，讲述亨利·埃弗里的马达加斯加王国，向大众传播启蒙自由观。
	1714 年——约瑟夫·茹马尔（Josef Joumard）自称代表 10 万海盗寻求荷兰政府支持，无果。
1715 年——约翰·普兰廷在咆哮湾自立为王。	1715 年——唐桑夫人在巴黎开设启蒙沙龙的大致年份。
——荷兰商人在博伊纳见到拉齐米拉荷，他当时在辅佐萨卡拉瓦国王托阿卡夫。	——"海盗使节"接触奥斯曼和俄国宫廷。
1716 年——拉齐米拉荷寻求留尼汪总督德拉布尔多奈（de la Bourdonnaye）援助。	
	1718 年——"海盗使节"与瑞典国王谈判。
1719 年——海盗克里斯托弗·康登特（Christopher Condent）以圣玛丽岛为印度洋活动基地。	
1720 年——建立贝齐米萨拉卡联邦的战争结束；拉齐米拉荷在安布纳乌/富尔波因特设立"王廷"。	1720 年——丹尼尔·笛福出版《海盗王》。
1721 年——圣玛丽海盗船长拉布什（la Bouche）骚扰以马斯克林群岛为目的地的船只。	1721 年——孟德斯鸠出版《波斯人信札》。
——英国军舰消灭了马达加斯加的海盗窝点，法军消灭了毛里求斯和留尼汪的海盗窝点。	
1722 年——克莱门特·唐宁在咆哮湾会见约翰·普兰廷及其"将军""穆拉托人汤姆"（拉齐米拉荷）。	

马达加斯加发生的事件	欧洲发生的事件
——德拉加莱西埃确认拉齐米拉荷在东海岸掌权。	
	1724 年——查尔斯·约翰逊船长（真实身份可能是丹尼尔·笛福）在伦敦出版《海盗通史》；这是第一部详细介绍当时各大海盗船长的著作，也是利博塔利亚的唯一相关文献。该书成了之后几个世纪中海盗生活方式流行化与理想化的蓝本。
1728 年——约翰·普兰廷从马达加斯加逃往印度。	
1733 年——柯西尼在安通吉尔湾见到"鲍德里奇国王"；表示当地有三名领主：鲍德里奇、汤姆·齐米拉荷、德拉雷。	1733 年——伏尔泰出版《哲学通信》。
1734 年——有记载称萨卡拉瓦人袭击安通吉尔湾周边；扎菲德拉贝人（Zafindrabay）到来的大致年份。	
1736 年——法国人在安通吉尔湾会见鲍德里奇国王的叔叔；拉齐米拉荷派出援兵对抗来袭的萨卡拉瓦人。	
1740 年——法国船长抱怨安通吉尔湾贸易不利，且遭受袭击。	1740 年——休谟出版《人性论》。
	1748 年——孟德斯鸠出版《论法的精神》。
1750 年——拉齐米拉荷去世。	
	1755 年——卢梭出版《论人类不平等的起源和基础》。

注　释

前　言

1　Graeber, *Lost People*.

2　Graeber, *Lost People*, 353.

3　Markoff, "Where and When Was Democracy Invented?," 673n62.

4　Deschamps, *Les pirates à Madagascar*, 203.

5　Wright, "Early State Dynamics"; cf. Wright and Fanony, "L'évolution des systèmes d'occupation."

6　Carayon, *Histoire de l'Établissement Français*, 15–16.

第一章 马达加斯加东北部的海盗与冒牌国王

1　See, e.g., Gosse, *The Pirates' Who's Who*; Baer, "Piracy Examined"; Baer, *Pirates of the British Isles*; Hill, *People and Ideas*; Rediker, *Between the Devil*; Pérotin-Dumon, "The Pirate and the Emperor"; Cordingly, *Under the Black Flag*; Wilson, *Pirate Utopias*; Pennell, "Who Needs Pirate Heroes?"; Rogoziński, *Honor Among Thieves*; Konstam, *The Pirate Ship*; Snelders, *The Devil's Anarchy*; Land, "Flying the Black Flag"; Leeson, *The Invisible Hook*; Kuhn, *Life Under the Jolly Roger*; Hasty, "Metamorphosis Afloat."

2　Downing, *A Compendious History*, 97.

3　Downing, *A Compendious History*, 81.

4　Baer, " 'Captain John Avery' "; Baer, *Pirates of the British Isles*, 91–117; López Lázaro, "Labour Disputes."

5　Wanner, "The Madagascar Pirates."

6　Filliot, *La traite des esclaves*; Barendse, "Slaving on the Malagasy Coast"; Barendse, *The Arabian Seas*; Vink, "The World's Oldest Trade";

Bialuschewski, "Pirates, Slaves, and the Indigenous Population in Madagascar"; Bialuschewski, "Black People Under the Black Flag."

7　Rochon, *Voyage to Madagascar*, 154.

8　Rochon, *Voyage to Madagascar*, 111.

9　Pearson, "Close Encounters," 401.

10　Brown, *Madagascar Rediscovered*, 96.

11　Linebaugh and Rediker, *The Many-Headed Hydra*, 184.

12　Perkins in Jameson, *Privateering and Piracy in the Colonial Period*; McDonald, *Pirates, Merchants, Settlers, and Slaves*, 89.

13　Nutting, "The Madagascar Connection."

14　Molet-Sauvaget, "La disparition du navire," 493n22.

15　Downing, *A Compendious History*, 114–15.

16　Downing, *A Compendious History*, 129.

17　Downing, *A Compendious History*, 128–29.

18　Downing, *A Compendious History*, 116.

19　Downing, *A Compendious History*, 126.

20　Ratsivalaka, "Elements de biography."

21　Cultru, *Un empereur de Madagascar*, 73; Benyowsky, *Voyages et mémoires*.

22　Ratsivalaka, "Elements de biography," 82.

23　Grandidier, *Histoire de la fondation*; Deschamps, *Les pirates à Madagascar*; Cabanes, "Guerre lignagière et guerre de traite."

24　See, e.g., Deschamps, *Les pirates à Madagascar*.

25　See, e.g., Cabanes, "Guerre lignagière et guerre de traite."

第二章 马达加斯加人视角下的海盗到来

1　Ottino, *Madagascar, les Comores*; Ottino, "Le Moyen-Age"; Ottino, *L'étrangère intime*.

2　Fagerang, *Une famille de dynasties malgaches*; Rajaonarimanana, *Savoirs arabico-malgaches*.

3　Julien, "Pages arabico-madécasses," 1–23, 57–83; Mondain, *L'histoire des tribus*, 5–91.

4　Rombaka, *Fomban-dRazana Antemoro*, 7–8.

5　Ottino, "La mythologie malgache"; Ottino, "Les Andriambahoaka malgaches"; Ottino, "L'ancienne succession"; Ottino, *L'étrangère intime*.

6 法语原文：Ceux que j'estime être venus les premiers, ce sont les Zafe-Ibrahim ou de la lignée d'Abraham, qui habitent l'isle de Sainte-Marie et les terres voisines, d'autant que, ayant usage de la circoncision, ils n'ont aucune tâche du Mahométisme, ne connaissent Mahomet ni ses califes, et réputent ses sectateurs pour Cafres et hommes sans loi, ne mangent point et ne contractent aucune alliance avec eux. Ils célèbrent et chôment le samedi, non le vendredi comme les Mores, et n'ont aucun nom semblable à ceux qu'ils portent, ce qui me fait croire que leurs ancêtres sont passés en cette isle dès les premières transmigrations des Juifs ou qu'ils sont descendus des plus anciennes familles des Ismaélites dès avant la captivité de Babylone ou de ceux qui pouvaient être restés dans l'Egypte environ la sortie des enfants d'Israël: ils ont retenu le nom de Moïse, d'Isaac, de Joseph, de Jacob et de Noé. Il en est peut-être venu quelques-uns des côtes d'Ethiopie. Flacourt, *Histoire de la Grande Isle*, 108.

7 Flacourt, *Histoire de la Grande Isle*, 30.

8 Grandidier, *Ethnographie*, vol. 4, bk. 1, 97.

9 Ferrand, "Les migrations musulmanes et juives à Madagascar," 411–15.

10 Ottino, *Madagascar, les Comores*, 35–36; Ottino, "Le Moyen-Age," 214–15.

11 Allibert, "Nouvelle hypothèse."

12 Sibree, *The Great African Island*, 108.

13 See, e.g., Aujas, "Essai sur l'histoire"; Lahady, *Le culte Betsimisaraka*; Rahatoka, "Pensée religieuse"; Mangalaza, *La poule de dieu*; Fanony, *Littérature orale malgache*, vols. 1–2; Nielssen, *Ritual Imagination*.

14 See, e.g., Rochon, *Voyage to Madagascar*, 29.

15 Ottino, "Le Moyen-Age," 214.

16 Dellon, *Nouvelle relation d'un voyage*, 29.

17 Dellon, *Nouvelle relation d'un voyage*, 41.

18 Houtman in Grandidier, *Ethnographie*, vol. 4, bk. 2, 353n35.

19 Flacourt, *Histoire de la Grande Isle*, 137.

20 Ferrand, *Contes populaires Malgache*, 145–17.

21 Grandidier, *Ethnographie*, vol. 4, bk. 1, 10; Grandidier, *Ethnographie*, vol. 4, bk. 2, 137.

22 Brown, *Madagascar Rediscovered*, 98.

23 Sahlins, "The Stranger-King: Or Dumézil"; Sahlins, "On the Culture of

Material Value."

24 See, e.g., Graeber, "Radical Alterity Is Just Another Way of Saying 'Reality,'" 1–41.

25 Sahlins, "The Stranger-King: Or Dumézil," 119.

26 Sahlins, "The Stranger-King: Or Dumézil," 109, 125.

27 In Fox, *Pirates in Their Own Words*, 345.

28 In Fox, *Pirates in Their Own Words*, 178.

29 Cabanes, "Guerre lignagière"; compare Esoavelomandroso, *La province maritime orientale*, 41–43, and Mangalaza, *La poule de dieu*, 22–25.

30 See, e.g., Cole, "Sacrifice, Narratives and Experience"; Cole, *Forget Colonialism?*

31 Cabanes, "Guerre lignagière."

32 Flacourt, *Histoire de la Grande Isle*, 23.

33 Cabanes, "Guerre lignagière."

34 Clastres, *Archéologie de la violence*.

35 Mayeur, "Histoire de Ratsimilaho," 200.

36 Cabanes, "Guerre lignagière."

37 See, e.g., Fanony, *Fasina*.

38 法语原文：Jeunes gens choisis dans la famille des Pandzacas de premier, seconde et troisième classe. Mayeur, "Histoire de Ratsimilaho," 293.

39 Mayeur, "Histoire de Ratsimilaho," 197, 214, 223–24.

40 Gentil de la Galaisière, *Voyage dans les mers*, 537.

41 Downing, *A Compendious History*, 92–93.

42 Bois, "Tamatave, la cité des femmes," 3–5; Rantoandro, "Hommes et réseaux Malata," 109–10.

43 Leguével de Lacombe, *Voyage à Madagascar*, vol. 1, 96.

44 Leguével de Lacombe, *Voyage à Madagascar*, 179–82.

45 Renel, *Contes de Madagascar*, 201.

46 Graeber, "Love Magic and Political Morality"; cf. Fanony, "Le sorcier maléfique."

47 Cole, "The Jaombilo of Tamatave," 895; cf. Cole, "Fresh Contact in Tamatave," and Cole, "Love, Money and Economies."

48 Valette, "Note sur une coutume"; Bois, "Tamatave, la cité des femmes"; Rantoandro, "Hommes et réseaux Malata," 108–12.

49 Rondeau in Rantoandro, "Hommes et réseaux Malata," 110.

50 马达加斯加语原文：Fehitratra, mosavy ny fehitratra natao ny ravehivavy ny mpandranto; ny olona mandranto manao vady amoron-tsiraka, manao filan-kariana, "mivarotra aty hianao, ary izaho kosa mitaona entana miakatra sy midina." Ary nony efa mahazo hariana izy, manao filan-dratsy amy ny vehivavy izy, kanjo tsy fanta'ny ny zavatra hahafaty azy, fa ny takona no tia'ny. Ary dia mamitaka an-dravehivavy, mifaoka ny fanana'ny imbonana; ary dia hain-dravehivavy ny famoanan'azy amy ny fehitratra, dia vonoina tapaka ralehilahy asiana mosavy mahafaty tapaka: hatr' eo ambavafo noho midina maty ny tapa'ny ambany, dia tsy mahatsiaro tena na handefa rano na hanao diky, eo am-pandriana sy ny tany itoerana, dia maty fiainana avyan-kasarotana izy. Famosaviana ny vady an-tsiraka izany; tonga aty ambony ny mpandranto vao hihetsika ny aretina, ary dia vao mitohy ny aretim-pahafatesana. Fandramànana atao ny Anindrantany, Betsimisaraka a. 英文译文均由马达加斯加语译成。Callet, *Tantara ny Andriana eto Madagascar*, 106.

51 马达加斯加语原文：Rao-dia, ny Betsimisaraka ama-mandry, mosavy natao ny ravehivavy azy mpandranto tany an-dalana. Endazin-dravebivavy nilaozana any an' indrantany ny tany no diaviny ny lahy, dia tsitsihina "tsy ahy tsy an' olona iny! Matesa! tsy ho hita ny vadi-aman-janaka ny mahafaty azy!" Ary tonga an-tanana, dia tonga ny mosavy natao ny vehivavy nama-nandry tany an-dalana, ary dia tonga ny mahafaty azy, dia lazainy ny mpilaza, "tonga tsy naninona tsy naninona, dia maty foana tao izy!"; izany kosa no maharaodia azy. Callet, *Tantara ny Andriana eto Madagascar*, 107–8.

52 Graeber, "Love Magic and Political Morality."

53 Johnson, *A General History*, 246.

54 Ellis, "Tom and Toakafo," 446.

55 Anonymous, "The Manners and Customs," 71–72.

56 Anonymous, "The Manners and Customs."

57 Bois, "Tamatave, la cité des femmes," 3.

58 Molet-Sauvaget, "Un Européen."

59 Johnson, *A General History*, 58.

60 Johnson, *A General History*, 59.

61 Leguével de Lacombe, *Voyage à Madagascar*, vol. 2, 178–80.

62 Leguével de Lacombe, *Voyage à Madagascar*, vol. 1, 242.

63 Ferrand, *Contes populaires Malgache*; Renel, *Contes de Madagascar*, 49, 186–88; Dandouau, *Contes populaires des Sakalava*, 380–85.

64 Ferrand, *Contes populaires Malgache*, 133–34.

65 Lacombe, *Voyage à Madagascar*, vol. 1, 149–51.

第三章 海盗启蒙

1 Cabanes, "Le nord-est de Madagascar."

2 See, e.g., Ratsivalaka, *Madagascar dans le sud-ouest*; Ratsivalaka, *Les malgaches et l'abolition*; McDonald, *Pirates, Merchants, Settlers, and Slaves*.

3 Bialuschewski, "Pirates, Slaves"; Ellis, "Tom and Toakafo"; Randrianja and Ellis, *Madagascar*; Hooper, "Pirates and Kings"; Mouzard, "Territoire, trajectoire, réseau."

4 Bialuschewski, "Pirates, Slaves," 424.

5 Mayeur, "Histoire de Ratsimilaho," 191; Deschamps, *Les pirates à Madagascar*, 197.

6 Mayeur, "Histoire de Ratsimilaho," 194.

7 Mayeur, "Histoire de Ratsimilaho," 195.

8 Gentil de la Galaisière, *Voyage dans les mers*, vol. 1, 527.

9 Cabanes, "Guerre lignagière," 160.

10 Mayeur, "Histoire de Ratsimilaho," 235.

11 Rochon, *Voyage to Madagascar*, 162–63.

12 Mayeur, "Histoire de Ratsimilaho," 213.

13 Johnson, *A General History*, 528, 538–39.

14 Ravelonantoandro, "Les pouvoirs divinatoires des Antedoany de Fénérive-Est," 2.

15 Carayon, *Histoire de l'Établissement Français*, 13–14.

16 Mayeur, "Histoire de Ratsimilaho," 192–93.

17 Gentil de la Galaisière, *Voyage dans les mers*, vol. 2, 526.

18 Ellis, "Tom and Toakafo."

19 Mayeur, "Histoire de Ratsimilaho," 295.

20 Mayeur, "Histoire de Ratsimilaho," 192.

21 Mayeur, "Histoire de Ratsimilaho," 196–98, 209–10.

22 Mayeur, "Histoire de Ratsimilaho," 269–73, 287.

23 McDonald, *Pirates, Merchants, Settlers, and Slaves*, 83.

24 Mayeur, "Histoire de Ratsimilaho," 197.

25 Mayeur, "Histoire de Ratsimilaho," 199.

26 Ravololomanga, *Etre femme*.

27 Graeber, *Lost People*, 63–66, 70, 348; Ellis, *History of Madagascar*, vol. 1, 187–92; Cousins, *Fomba Gasy*, 91–95; Callet, *Tantara ny Andriana eto Madagascar*, 831–51; Decary, *Mœurs et coutumes des Malgaches*, 196–98; Mangalaza, *La poule de dieu*, 26.

28 Johnson, *A General History*, 534.

29 Downing, *A Compendious History*, 93.

30 See, e.g., Vig, *Charmes*, 70–71.

31 Graeber, "Fetishism as Social Creativity."

32 Mayeur, "Histoire de Ratsimilaho," 218–24.

33 Mayeur, "Histoire de Ratsimilaho," 220–21.

34 Mayeur, "Histoire de Ratsimilaho," 218.

35 Mayeur, "Histoire de Ratsimilaho," 221–22.

36 Mayeur, "Histoire de Ratsimilaho," 291–94.

37 Mayeur, "Histoire de Ratsimilaho," 196, 205–6, 223–24, 231, 298, 302.

38 Rochon, *Voyage to Madagascar*, 164–65.

39 Decary, *Coutumes guerrières*; Berg, "The Sacred Musket."

40 Mayeur, "Histoire de Ratsimilaho," 206-19; Berg, "The Sacred Musket," 266–67.

41 Johnson, *A General History*, 531.

42 Mayeur, "Histoire de Ratsimilaho," 250.

43 Mayeur, "Histoire de Ratsimilaho," 250–51.

44 Mayeur, "Histoire de Ratsimilaho," 251.

45 Mayeur, "Histoire de Ratsimilaho," 253.

46 Mayeur, "Histoire de Ratsimilaho."

47 Mayeur, "Histoire de Ratsimilaho," 255.

48 Mayeur, "Histoire de Ratsimilaho," 296.

49 Mayeur, "Histoire de Ratsimilaho," 292; Cabanes, "Guerre lignagière," 172.

50 Mayeur, "Histoire de Ratsimilaho," 231.

51 Sylla, "Les Malata"; Rantoandro, "Hommes et réseaux Malata."

52 Grandidier, *Les habitants de Madagascar*, 201.

53 Grandidier, *Les habitants de Madagascar*, 364–65.

54　Grandidier, *Les habitants de Madagascar*, 403n5.

55　Grandidier, *Les habitants de Madagascar*, 514.

56　Sylla, "Les Malata," 27–28.

57　Rahatoka, "Pensée religieuse"; Mangalaza, *La poule de dieu*; Cole, *Forget Colonialism?*

58　Althabe, *Oppression et liberation*; Althabe, "L'utilisation de dépendances."

59　Gentil de la Galaisière, *Voyage dans les mers*, 528–29.

结　论

1　Dandouau, *Contes populaires des Sakalava*, 366.

2　Mayeur, "Histoire de Ratsimilaho."

3　Pearson, "Reassessing 'Robert Drury's Journal.' "

4　Drury, *Madagascar*, 172.

5　Drury, *Madagascar*, 235.

6　See, e.g., Dewar and Wright, "The Culture History of Madagascar."

7　Graeber, "Culture as Creative Refusal."

8　Graeber, "Madagascar: Ethnic Groups."

9　Graeber, "Madagascar: Ethnic Groups."

参考文献

Allibert, Claude. 2007. Annotated edition of Étienne de Flacourt, *Histoire de la Grande Isle Madagascar*. Paris: Karthala.

————. n.d. "Nouvelle hypothèse sur l'origine des Zafi-Ibrahim de l'île Nosy Boraha" (Sainte-Marie, Madagascar). Academia.com, accessed April 21, 2016.

Althabe, Gérard. 1969. *Oppression et libération dans l'imaginaire: Les communautés villageoises de la côte orientale de Madagascar*. Paris: Maspero.

————. 1983. "L'utilisation de dépendances du passé dans la résistance villageoise à la domination étatique." In *Les souverains de Madagascar: L'histoire royale et ses résurgences contemporaines*, edited by Françoise Raison-Jourde, 427–49. Paris: Karthala.

Arnold-Forster, Rear Admiral F. D. 1957. *The Madagascar Pirates*. London: Frederick Muller.

Aujas, L. 1907. "Essai sur l'histoire et les coutumes de Betsimisaraka." *Revue de Madagascar*: 501–15, 543–64.

Baer, Joel. 1971. "Piracy Examined: A Study of Daniel Defoe's *General History of the Pirates* and Its Milieu." PhD diss., Princeton University.

————. 1994. "'Captain John Avery' and the Anatomy of a Mutiny." *Eighteenth-Century Life* 18 (1): 1–26.

————. 2005. *Pirates of the British Isles*. Gloucestershire: Tempus.

Barendse, R. J. 1995. "Slaving on the Malagasy Coast, 1640–1700." In *Cultures of Madagascar: Ebb and Flow of Influences*, edited by Sandra Evers and Marc Spindler, 133–55. Leiden: International Institute for Asian Studies.

————. 2002. *The Arabian Seas: The Indian Ocean World of the Seventeenth Century*. Armonk, NY: M. E. Sharpe.

Benyowsky, Maurice-Auguste Comte de. 1791. *Voyages et mémoires*. Vol. 2. Paris: F. Buisson.

Berg, Gerald. 1985. "The Sacred Musket: Tactics, Technology and Power in Eighteenth-Century Madagascar." *Comparative Studies in Society and History* 27: 261–79.

Berger, Laurent. 2006. "Les raisons de la colère des ancêtres Zafinifotsy (Ankarana, Madagascar): L'Anthropologie au défi de la mondialisation." PhD diss., EHESS.

Besy, Arthur. 1981. "Les différents appelations de la ville de Tamatave." *Omaly sy Anio* 22: 393–94.

Bialuschewski, Arne. 2005. "Pirates, Slaves, and the Indigenous Population in Madagascar, c. 1690–1715." *International Journal of African Historical Studies* 23 (3): 401–25.

———. 2008. "Black People Under the Black Flag: Piracy and the Slave Trade Off the West Coast of Africa, 1718–1723." *Slavery and Abolition* 29 (4): 461–75.

Bloch, Maurice. 1985. "Questions historiques concernant la parenté sur la côte est." *Omaly sy Anio* 21–2: 49–55.

Bois, Dominique. 1997. "Tamatave, la cité des femmes." *Clio: Histoire, Femmes et Société* 6: 61–86.

———. 2001. "Les métis à Tamatave dans la seconde moitié du XIXème siècle." *Annuaire des pays de l'océan Indien* 17: 123–42.

Brown, Margaret L. 2004. "Reclaiming Lost Ancestors and Acknowledging Slave Descent: Insights from Madagascar." *Comparative Studies in Society and History* 46 (3): 616–45.

Brown, Mervyn. 1978. *Madagascar Rediscovered: A History from Early Times to Independence*. London: D. Tunnacliffe.

Cabanes, Robert. 1977. "Le nord-est de Madagascar." In *Essais sur la reproduction des formes sociales dominées*, 87–104. Paris: ORSTOM.

———. 1982. "Guerre lignagière et guerre de traite sur la côte nord-est de Madagascar au XVIIème et XVIIIème siècles." In *Guerres de lignages et guerre d'États en Afrique*, edited by J. Bazin and E. Terray, 145–86. Paris: ORSTOM.

Callet, R. P. 1908. *Tantara ny Andriana eto Madagascar, documents historiques d'après les manuscrits malgaches*. 2 vols. Antananarivo: Académie

Malgache. (Reprinted by Antananarivo: Imprimerie Nationale, 1981.)

Carayon, Louis. 1845. *Histoire de l'Établissement Français de Madagascar.* Paris: Gide.

Carter, Marina. 2009. "Pirates and Settlers: Economic Interactions on the Margins of Empire." In *Fringes of Empire*, edited by S. Sameetha Agha and Elizabeth Kolsky, 45–68. New Delhi: Oxford University Press.

Clastres, Pierre. 1977. *Archéologie de la violence: La guerre dans les sociétés primitives.* Paris: L'Aube.

Cole, Jennifer. 1997. "Sacrifice, Narratives and Experience in East Madagascar." *Journal of Religion in Africa/Religion en Afrique* 27 (4): 401–25.

———. 2001. *Forget Colonialism? Sacrifice and the Art of Memory in Madagascar.* Berkeley: University of California Press.

———. 2004. "Fresh Contact in Tamatave, Madagascar: Sex, Money and Intergenerational Transformation." *American Ethnologist* 31 (4): 571–86. humdev.uchicago.edu/sites/humdev.uchicago.edu/files/uploads/Cole/COLE-2004-FreshContact.pdf.

———. 2005. "The Jaombilo of Tamatave, Madagascar." *Journal of Social History* 38 (4): 891–914.

———. 2009. "Love, Money and Economies of Intimacy in Tamatave Madagascar." In *Love in Africa*, edited by Jennifer Cole and Lynn Thomas, 109–34. Chicago: University of Chicago Press.

Cordingly, David. 1995. *Under the Black Flag: The Romance and the Reality of Life Among the Pirates.* London: Harvest.

Cousins, William. 1876 [1963]. *Fomba Gasy.* Edited by H. Randzavola. Antananarivo: Imarivolanitra.

Cultru, Prosper. 1906. *Un empereur de Madagascar au XVIIIe siécle: Benyowsky.* Paris: Challamele.

Dandouau, André. 1922. *Contes populaires des Sakalava et des Tsimihety de la région d'Analalava.* Algiers: Jules Carbonel.

Decary, Raymond. 1951. *Mœurs et coutumes des Malgaches.* Paris: Payot.

———. 1966. *Coutumes guerrières et organisation militaire chez les anciens Malgaches.* 2 vols. Paris: Éditions maritimes et d'outre-mer.

Defoe, Daniel. 1707 [1938]. *A Review of the State of the British Nation: Book 10, June 17, 1707 to November 8, 1707.* New York: Facsimile Text

Society, Columbia University Press.

———. 1720 [2002]. *The King of Pirates: Being an Account of the Famous Enterprises of Captain Avery, the Mock King of Madagascar*. London: Hesperus.

Dellon, Charles Gabriel. 1669. *Nouvelle relation d'un voyage fait aux Indes orientales*. Paris: Barban.

Deschamps, Hubert. 1972. *Les pirates à Madagascar aux XVIIe et XVIIIe siècles*. Paris: Éditions Berger-Levrault.

Dewar, Robert, and H. T. Wright. 1993. "The Culture History of Madagascar." *Journal of World Prehistory* 7 (4): 417–66.

Diener, Samuel. 2014. "Free Men and Squalid Kings: Theories of Statehood in *A General History of the Pyrates* and Its Milieu." *UCB Comparative Literature Undergraduate Journal* 5 (1). ucbcluj.org/free-men-and-squalid-kings-theories-of-statehood-in-a-general-history-of-the-pyrates-and-its-milieu.

Downing, Clement. 1737. *A Compendious History of the Indian Wars; with an account of the Rise, Progress, Strength, and Forces of Angria the Pirate*. London: T. Cooper.

Drury, Robert. 1729. *Madagascar; or, Robert Drury's Journal, During Fifteen Years' Captivity on That Island*. London: W. Meadows.

Ellis, Stephen. 2007. "Tom and Toakafo: The Betsimisaraka Kingdom and State Formation in Madagascar, 1715–1750." *The Journal of African History* 48 (3): 439–55.

———. 2009. "The History of Sovereigns in Madagascar: New Light from Old Sources." In *Madagascar revisitée: En voyage avec Françoise Raison-Jourde*, edited by F. V. Rajaonah and D. Nativel, 405–31. Paris: Karthala.

Ellis, Rev. William. 1838. *History of Madagascar*. 2 vols. London: Fisher, Son & Co.

Emoff, Ron. 2002. *Recollecting from the Past: Musical Practice and Spirit Possession on the East Coast of Madagascar*. Middletown, CT: Wesleyan University Press.

Esoavelomandroso, Manassé. 1979. *La province maritime orientale du "Royaume de Madagascar" à la fin du XIXe siècle (1882–1895)*. Antananarivo: FTM.

———. 1981. "La région du Fiherenana à la veille de la conquête française." *Omaly sy Anio* 13–14: 177–86.

―――. 1985. "Les 'révoltes de l'Est' (Novembre 1895–Février 1896): Essai d'explication." *Omaly sy Anio* 21–2: 33–48.

Fagerang, Edvin. 1971. *Une famille de dynasties malgaches: Zafindravola, Maroseragna, Zafimbolamena, Andrevola, Zafimanely*. Oslo: Universitetsforlaget.

―――. 1981. "Origine des dynasties ayant régné dans le Sud et l'Ouest de Madagascar." *Omaly sy Anio* 13–14: 125–40.

Faller, Lincoln. 2002. "Captain Misson's Failed Utopia, Crusoe's Failed Colony: Race and Identity in New, Not Quite Imaginable Worlds." *The Eighteenth Century* 43 (1): 1–17.

Fanony, Fulgence. 1975. "La riziculture sur brûlis (*tavy*) et les rituels agraires dans la région de Mananara Nord." *Terre malgache* 17: 29–49.

―――. 1976. *Fasina: Transformation interne et contemporaine d'une communauté villageoise malgache*. Paris: EPHE.

―――. 1985 [1975]. "Le sorcier maléfique *mpamosavy* et l'épreuve de l'ordalie *tangena* en pays Betsimisaraka." *Omaly sy Anio* 21–22: 133–48. Originally in *Cahiers d'histoire juridique et politique* 11: 19–30.

―――. 2001a. *Littérature orale malgache*, vol.1: *L'Oiseau Grand-Tison*. Paris: L'Harmattan.

―――. 2001b. *Littérature orale malgache*, vol.2: *Le Tambour de l'ogre et autres contes des Betsimisaraka du Nord (Madagascar)*. Paris: L'Harmattan.

Ferrand, Gabriel. 1893. *Contes populaires Malgache*. Paris: Ernest Leroux.

―――. 1905. "Les migrations musulmanes et juives à Madagascar." *Revue de l'histoire des religions* 52: 381–417.

Filliot, J.-M. 1974. *La traite des esclaves vers les Mascareignes au XVIIIe siècle*. Paris: ORSTOM.

Flacourt, Étienne de. [1650] 2007. *Histoire de la Grande Isle de Madagascar*, edited and annotated by Claude Allibert. Paris: Karthala.

Fox, E. T. 2014. *Pirates in Their Own Words: Eye-Witness Accounts of the "Golden Age" of Piracy, 1690–1728*. Fox Historical.

Gentil de la Galaisière, Guillaume-Joseph. 1779. *Voyage dans les mers de l'Inde*. 2 vols. Paris.

Gosse, Philip. 1924. *The Pirates' Who's Who: Giving Particulars of the Lives and Deaths of the Pirates and Buccaneers.* London: Dulau & Co.

Graeber, David. 1995. "Dancing with Corpses Reconsidered: An Interpretation of *Famadihana* (in Arivonimamo, Madagascar)." *American Ethnologist* 22 (2): 258–78.

———. 1996. "Love Magic and Political Morality in Central Madagascar, 1875–1990." *Gender and History* 8 (3): 416–39.

———. 2005. "Fetishism as Social Creativity: Or, Fetishes Are Gods in the Process of Construction." *Anthropological Theory* 5 (4): 405–36.

———. 2007a. *Lost People: Magic and the Legacy of Slavery in Madagascar.* Bloomington: Indiana University Press.

———. 2007b. "Madagascar: Ethnic Groups." In *The New Encyclopedia of Africa*, vol. 3, edited by John Middleton and Joseph C. Miller, 430–35. Detroit: Gale Cengage Learning.

———. 2013. "Culture as Creative Refusal." *Cambridge Anthropology* 31 (2): 1–19.

———. 2015. "Radical Alterity Is Just Another Way of Saying 'Reality': A Response to Eduardo Viveiros de Castro." *HAU* 5 (2): 1–41.

Grandidier, Alfred. 1908. *Ethnographie.* vol. 4, book 1, of *Histoire physique, naturelle et politique de Madagascar.* Paris: Imprimerie Nationale.

———. 1914. *Ethnographie.* vol. 4, book 2, of *Histoire physique, naturelle et politique de Madagascar.* Paris: Imprimerie Nationale.

———. 1917. *Les habitants de Madagascar, la famille malgache (fin), rapports sociaux des Malgaches, vie matérielle à Madagascar, les croyances et la vie religieuse à Madagascar.* vol. 4, book 3, of *Histoire physique, naturelle et politique de Madagascar.* Paris: Imprimerie Nationale.

Grandidier, Alfred, and Guillaume Grandidier. 1907. *Collection des ouvrages anciens concernant Madagascar.* vol. 5 of *Ouvrages ou extraits d'ouvrages anglais, hollandais, portugais, espagnols, suédois et russes, 1718–1800.* Paris: Union Coloniale, Comité de Madagascar.

Grandidier, Guillaume. 1898. *Histoire de la fondation du royaume Betsimisaraka.* Paris: Augustine Challamel.

Haring, Lee. 1982. *Malagasy tale index.* Helsinski: Academia Scientiarum Fennica.

Hasty, William. 2014. "Metamorphosis Afloat: Pirate Ships, Politics and Process, c.1680–1730." *Mobilities* 9 (3): 350–68.

Hill, Christopher. 1986. *People and Ideas in Seventeenth-Century England.* Vol. 3 of *Collected Essays.* Brighton: Harvester Press.

Hooper, Jane. 2011. "Pirates and Kings: Power on the Shores of Early Modern Madagascar and the Indian Ocean." *Journal of World History* 20 (2): 215–42.

Jameson, J. Franklin, ed. 1970. *Privateering and Piracy in the Colonial Period: Illustrative Documents.* New York: Augustus M. Kelley.

Johnson, Captain Charles. 1724 [1972]. *A General History of the Pyrates.* London: Dent.

Julien, Gustave. 1929. "Pages arabico-madécasses." In *Annales de l'Académie des sciences coloniales*, vol. 3, 1–123. Paris: Société d'Éditions Géographiques, Maritimes et Coloniales.

Kay, Carol. 1988. *Political Constructions: Defoe, Richardson, and Sterne in Relation to Hobbes, Hume, and Burke.* Ithaca, NY: Cornell University Press.

Konstam, Angus. 2003. *The Pirate Ship, 1660–1730.* Oxford: Osprey.

Kuhn, Gabriel. 2010. *Life Under the Jolly Roger: Reflections on Golden Age Piracy.* Oakland, CA: PM Press.

Lahady, Pascal. 1979. *Le culte Betsimisaraka et son système symbolique.* Fianarantsoa: Librairie Ambozontany.

Land, Chris. 2007. "Flying the Black Flag: Revolt, Revolution, and the Social Organization of Piracy in the 'Golden Age.'" *Management and Organization Theory* 2 (2): 169–92.

Leeson, P. T. 2009. *The Invisible Hook: The Hidden Economics of Pirates.* Princeton, NJ: Princeton University Press.

Leguével de Lacombe, B. F. 1840. *Voyage à Madagascar et aux Îles Comores (1823 à 1830).* 2 vols. Paris: Louis Dessart.

Linebaugh, Peter, and Marcus Rediker. 2000. *The Many-Headed Hydra: Sailors, Slaves, Commoners, and the Hidden History of the Revolutionary Atlantic.* Boston: Beacon Press.

Lombard, Jacques. 1976. "Zatovo qui n'a pas été créé par Dieu: Un conte sakalava traduit et commenté." *Asie du Sud Est et Monde Insulindien* 7: 165–223.

López Lázaro, Fabio. 2010. "Labour Disputes, Ethnic Quarrels and Early Modern Piracy: A Mixed Hispano-Anglo-Dutch Squadron and the Causes of Captain Every's 1694 Mutiny." *International Journal of Maritime History* 22 (2): 73–111.

"Madagascar: Hommage à la Réine Betty à Vacoas." *L'Express Maurice*, October 17, 2010. https://www.lexpress.mu/article/madagascar-hommage-%C3%A0-la-r%C3%A9ine-betty-%C3%A0-vacoas.

Mangalaza, Eugène Régis. 1994. *La poule de dieu: Essai d'anthropologie philosophique chez les Betsimisaraka (Madagascar)*. Bordeaux: PUB.

"The Manners and Customs, Superstitions, and Dialect of the Betsimisaraka." 1897. *Antananarivo Annual and Madagascar Magazine* 21: 67–75.

Markoff, John. 1999. "Where and When Was Democracy Invented?" *Comparative Studies in Society and History* 41 (4): 660–90.

Mayeur, Nicolas. 1806. "Histoire de Ratsimilaho (1695–1750), roi de Foulpointe et des Betsimisaraka, rédigé par Barthélémy Huet de Froberville, 1806." British Museum, ADD-MSS 18129.

McDonald, Kevin P. 2015. *Pirates, Merchants, Settlers, and Slaves: Colonial America and the Indo-Atlantic World*. Berkeley: University of California Press.

Molet-Sauvaget, Anne. 1997. "Un Européen, roi 'legitime' de Fort-Dauphin au XVIIIe siècle: Le pirate Abraham Samuel." *Etudes Ocean Indien* 23–4: 211–21.

———. 2000. "La disparition du navire 'Ridderschap van Holland' à Madagascar en fevrier 1694." In *L'extraordinaire et le quotidien: Variations anthropologiques*, edited by Claude Allibert and Narivelo Rajaonarimanana, 479–94. Paris: Karthala.

Mondain, G. 1910. *L'histoire des tribus de l'Imoro au XVIIe siècle d'après un manuscrit arabico-malgache*. Paris: Ernest Leroux.

Mouzard, Thomas. 2011. "Territoire, trajectoire, réseau: Créativité rituelle populaire, identification et État postcolonial (Une triple étude de cas malgache)." PhD diss., École des Hautes Études en Sciences Sociales (ÉHÉSS).

Nielssen, Hilde. 2012. *Ritual Imagination: A Study of Tromba Possession Among the Betsimisaraka in Eastern Madagascar*. Leiden: Brill.

Nutting, P. Bradley. 1978. "The Madagascar Connection: Parliament and Piracy, 1690–1701." *American Journal of Legal History* 22 (3): 202–15.

Ottino, Paul. 1974. *Madagascar, les Comores et le Sud-Ouest de l'océan*

Indien, Antananarivo: Université de Madagascar.

―――. 1976. "Le Moyen-Age de l'océan Indien et les composantes du peuplement de Madagascar." *Asie du Sud-Est et du Monde Insulindien* 7 (2–3): 3–8.

―――. 1981. "La mythologie malgache des hautes terres et le cycle politique des Andriambahoaka." In *Dictionnaire des mythologies et des religions des sociétés traditionnelles et du monde antique*, vol. 2, edited by Yves Bonnefoy, 30–45. Paris: Flammarion.

―――. 1983a. "Les Andriambahoaka malgaches et l'héritage indonésien: Mythe et histoire." In *Les souverains de Madagascar: L'histoire royale et ses résurgences contemporaines*, edited by Françoise Raison-Jourde, 71–96. Paris: Karthala.

―――. 1983b. "L'ancienne succession dynastique malgache (l'exemple merina)." In *Les souverains de Madagascar: L'histoire royale et ses résurgences contemporaines*, edited by Françoise Raison-Jourde, 223–63. Paris: Karthala.

―――. 1986. *L'étrangère intime: Essai d'anthropologie de la civilisation de l'ancien Madagascar*. 2 vols. Paris: Editions des archives contemporaines.

Pearson, Mike Parker. 1996. "Reassessing 'Robert Drury's Journal' as a Historical Source for Southern Madagascar." *History in Africa* 23: 233–56.

―――. 1997. "Close Encounters of the Worst Kind: Malagasy Resistance and Colonial Disasters in Southern Madagascar." *World Archaeology* 28 (3): 393–417.

Pennell, C. R. 1998. "Who Needs Pirate Heroes?" *The Northern Mariner/Le marin du nord* 8 (2): 61–79.

Pérotin-Dumon, Anne, 1991. "The Pirate and the Emperor: Power and the Law on the Seas, 1450–1850." In *The Political Economy of Merchant Empires*, edited by James D. Tracy, 197–200. Cambridge: Cambridge University Press.

Petit, Michel. 1966. *La plaine littorale de Maroantsetra, étude géographique*. Antananarivo: Bureau pour le développement de la production agricole.

―――. 1967. "Les Zafirabay de la baie d'Antongil (formation et histoire d'un clan, conséquences sur la vie rurale actuelle)." *Annales de l'Université de Madagascar* 7: 21–44.

Petit, Michel, and Guy Jacob. 1965. "Un essai de colonisation dans la baie d'Antongil." *Annales de l'Université de Madagascar* 4: 33–56.

Rahatoka, Salomon. 1984. "Pensée religieuse et rituels betsimisaraka." In *Ny razana tsy mba maty Cultures traditionnelles malgaches*, edited by J.-P. Domenichini et al., 31–92. Antananarivo: Ed. Librairie de Madagascar.

Rajaonarimanana, Narivelo. 1990. *Savoirs arabico-malgaches: La tradition manuscrite des devins Antemoro Anakara (Madagascar)*. Paris: Institut National des Langues et Civilisations Orientales.

Randrianja, Solofo, and Stephen Ellis. 2009. *Madagascar: A Short History*. Chicago: University of Chicago Press.

Rantoandro, G. A. 2001. "Hommes et réseaux Malata de la côte orientale de Madagascar à l'époque de Jean René (1773–1826)." *Annuaire des pays de l'océan Indien* 17: 103–21.

Ratsivalaka, Gilbert. 1977. "Elements de biography de Nicolas Mayeur." *Omaly sy Anio* 5–6: 79–88.

———. 1995. *Madagascar dans le sud-ouest de l'océan Indien, c. 1500–1824*. Lille: Atelier national de reproduction des thèses.

———. 1999. *Les malgaches et l'abolition de la traite européene des esclaves, 1810–1817: Histoire de la formation du royaume de Madagascar*. Antananarivo: Imprimerie CNAPMAD

Ravelonantoandro, Andrianarison. 2010. "Les pouvoirs divinatoires des Antedoany de Fénérive-Est." ÉNS de philosophie de Toliara.

Ravololomanga, Bodo. 1993. *Être femme et mère à Madagascar (Tanala d'Ifanadiana)*. Paris: Harmattan.

Rediker, Marcus. 1987. *Between the Devil and the Deep Blue Sea: Merchant Seamen, Pirates, and the Anglo-American Maritime World, 1700–1750*. Cambridge: Cambridge University Press.

———. 2004. *Villains of All Nations: Atlantic Pirates in the Golden Age*. London: Verso.

Renel, Charles. 1910. *Contes de Madagascar*. Paris: E. Leroux.

———. 1915. "Amulettes malgaches, ody et sampy." *Bulletin de l'Académie Malgache* (n.s.) 2: 29–281.

———. 1923. *Ancêtres et Dieux*. Antananarivo: G. Pitot de la Beaujardière.

Risso, Patricia. 2001. "Cross-Cultural Perceptions of Piracy: Maritime Violence in the Western Indian Ocean and Persian Gulf During a Long Eighteenth Century." *Journal of World History* 12 (2): 297–300.

Rochon, Abbé Alexis-Marie. 1792. *Voyage to Madagascar and the East Indies*. London: G. G. Robinson.

Rogoziński, Jan. 2000. *Honor Among Thieves: Captain Kidd, Henry Every, and the Pirate Democracy in the Indian Ocean*. Mechanicsburg, PA: Stackpole.

Rombaka, Jacques Philippe. 1970. *Fomban-dRazana Antemoro*. Fianarantsoa: Ambozontany.

Sahlins, Marshall. 1981. "The Stranger-King: Or Dumézil Among the Fijians." *The Journal of Pacific History* 16 (3): 107–32.

———. 2008. "The Stranger-King: Or, Elementary Forms of the Politics of Life." *Indonesia and the Malay World* 36 (105): 177–99.

———. 2013. "On the Culture of Material Value and the Cosmography of Riches." *HAU: Journal of Ethnographic Theory* 3 (2): 161–95.

Schnepel, Burkhard. 2014. "Piracy in the Indian Ocean (ca. 1680–1750)." Working paper no. 60, Max Planck Institute for Social Anthropology Working Papers, Max Planck Institute, Halle.

Sibree, James. 1880. *The Great African Island*. London: Trübner & Sons.

Snelders, Stephen. 2005. *The Devil's Anarchy*. New York: Autonomedia.

Sylla, Yvette. 1985. "Les Malata: Cohésion et disparité d'un 'groupe.'" *Omaly sy Anio* 21–2: 19–32.

Toto, Chaplain T. 2005. "Quelques aspects des expériences européennes sur la baie d'Antongil—Madagascar du XVIe au XIXe siècle." *Revue de l'Association Historique Internationale de l'Océan Indien* 1: 7–16.

Valette, Jean. 1967. "Note sur une coutume betsimisaraka du XVIIIe siècle: Les vadinebazaha." *Cahiers du Centre d'étude des coutumes* 3: 49–55.

Vérin, Pierre. 1986. *The History of Civilisation in North Madagascar*. Rotterdam: A. A. Balkema.

Vérin, Pierre, and Narivelo Rajaonarimanana. 1991. "Divination in Madagascar: The Antemoro Case and the Diffusion of Divination." In *African Divination Systems*, edited by Philip M. Peek. Bloomington: Indiana University Press.

Vig, Lars. 1969. *Charmes: Spécimens de magie malgache*. Oslo: Universitetsforlaget.

Vink, Markus. 2003. "'The World's Oldest Trade': Dutch Slavery and Slave Trade in the Indian Ocean in the Seventeenth Century." *Journal of World History* 14 (2): 131–77.

Wanner, Michal. 2008. "The Madagascar Pirates in the Strategic Plans of Swedish and Russian Diplomacy, 1680–1730." In *Prague Papers on the History of International Relations*, 73–94. Prague: Institute of World History.

Williams, Eric. 1944. *Capitalism and Slavery*. Chapel Hill: University of North Carolina Press.

Wilson, Peter Lamborn. 1995. *Pirate Utopias: Moorish Corsairs and European Renegadoes*. New York: Autonomedia.

Wilson-Fall, Wendy. 2011. "Women Merchants and Slave Depots: St. Louis, Senegal and St. Mary's, Madagascar." In *Slaving Paths: Rebuilding and Rethinking the Atlantic Worlds*, edited by Ana Lucia Araujo, 272–302. Amherst, MA: Cambria Press.

Wright, Henry T. 2006. "Early State Dynamics as Political Experiment." *Journal of Anthropological Research* 62 (3): 305–19.

Wright, Henry T., and Fulgence Fanony. 1992. "L'évolution des systèmes d'occupation des sols dan la vallée de la rivière Mananara au nord-est de Madagascar." *Taloha* 11: 47–60.

出版后记

　　自发秩序意味着什么？对于这个问题，也许读一读《海盗与启蒙》这本小书会更有收获。在这本书里，大卫·格雷伯描绘了18世纪马达加斯加岛上的海盗形成的一种自发秩序，并且讲述了这种秩序如何影响了欧洲的启蒙运动，以及我们当代习以为常的社会秩序。

　　这一本书是他破除欧洲中心主义的又一尝试。与教科书里常见的"以欧洲为核心的西方给世界带来了现代化"不同，格雷伯重视现代性在西方边缘或非西方的起源。通过这本书我们知道全球早就连在一起了，比我们想象得要紧密。

　　人类学对当今社会有什么用？从功利的角度来说，也许可以帮助我们更好地理解当代的社会秩序的由来。正如进化论曾经对人类历史产生了无可置疑的作用一样，人类学能告诉我们一些关于人类历史的更鲜为人知的事实。

　　人类学的学科是否与格雷伯的主张有内在联系呢？书中的历史事实能支持格雷伯的观点吗？这些就等待着读者阅读的时候去探索了。

　　作为《毫无意义的工作》《债》《人类新史》等书的作者，大卫·格雷伯的书给编者和身边的朋友带来了快乐和知识的享受。编者很高兴能参加格雷伯这本书的出版工作。希望这本小书也能给大家带来同样的享受。

图书在版编目（CIP）数据

海盗与启蒙：真实的利博塔利亚 / (美) 大卫·格
雷伯著；姜昊骞译. –– 北京：九州出版社, 2025. 7.
ISBN 978–7–5225–3959–1

Ⅰ. D59

中国国家版本馆CIP数据核字第20255CC381号

著作权合同登记号：01–2025–2634

Pirate Enlightenment, or the Real Libertalia
by David Graeber
Copyright © 2019 by David Graeber
All rights reserved.

海盗与启蒙：真实的利博塔利亚

作　　者	〔美〕大卫·格雷伯　著　姜昊骞　译
责任编辑	周　春
出版发行	九州出版社
地　　址	北京市西城区阜外大街甲 35 号（100037）
发行电话	（010）68992190/3/5/6
网　　址	www.jiuzhoupress.com
印　　刷	天津联城印刷有限公司
开　　本	880 毫米 × 1194 毫米　　32 开
印　　张	6
字　　数	119 千字
版　　次	2025 年 7 月第 1 版
印　　次	2025 年 8 月第 1 次印刷
书　　号	ISBN 978–7–5225–3959–1
定　　价	58.00 元